Christina Kaldewey
Vegane Küche für Kinder
Einfach lecker für kleine Entdecker

compassion media

© 2012 compassion media
ISBN 978-3-9814621-2-8

3. Auflage 2013
gedruckt auf Recyclingpapier (aus 100% Altpapier)

compassion media
a division of roots of compassion eG
Friedensstr. 7
48145 Münster
www.compassionmedia.org
info@compassionmedia.org

Design / Layout: Paul Garais, amadeo Marketing & Design e.K., Münster
Druck: Interpress, Budapest

Bildnachweise:
Alle Fotos/Illustrationen: die Autorin
Gestaltung Wimmelbild: Karla Oeding und Tobias Lanwer

In den folgenden Ausführungen spreche ich Eltern, Mütter und Väter direkt an. Damit möchte ich auch alle weiteren Bezugspersonen der Kinder mit einschließen. Das Wort Familie bezieht sich auf alle erdenklichen Formen des Zusammenlebens mit Kindern. Ich bitte zudem um Verständnis dafür, dass ich im weiteren Textverlauf auf sprachliche Geschlechterdopplungen verzichte und die männliche Sprachform wähle.

Inhaltsverzeichnis

Vorwort 5
Einleitung 6
Wichtige Nährstoffe 8
    Eisen 9
    Calcium 9
    Vitamin D 10
    Vitamin B12 10
    Essentielle Fettsäuren 11
    Proteine 11
    Nahrungsergänzungsmittel: Ja oder Nein? 12
Auswahl der Lebensmittel 14
Wir kochen und essen 16
Übergang vom Trinken zu Brei oder Fingerfood 17
Brei-Baukasten 18
    Tipps für das Kochen und Lagern von Brei 18
        Einfrieren 18
        Lagerung in Gläschen 19
        Lagerung im Kühlschrank 19
    Die Breimahlzeit zubereiten und essen 19
    Trinken 20
    Gemüsebrei und Obstbrei 21
    Getreidebrei und Pflanzenmilchbrei 22
    Übergang von Brei zu fester Kost 23
Rezepte 24
Allgemeines zu den Rezepten 25
    Salz, Zwiebeln und Gewürze 25
    Mehl und Gluten 25

- Soja, Pflanzenmilch und Cuisine 25
- Zucker und alternative Süßungsmittel 26
- Öl 28

Fingerfood 29

Salate 35

Suppen 43

Hauptspeisen 57

Saucen 75

Pfannkuchen 82

Nachtische 89

Aufstriche 94

Gebäck 103

Feste feiern 127
- Geburtstag 127
- Weihnachten 127
- Ostern 128
- Feste außerhalb der Familie 128

Essen für kranke Kinder 129
- Magen-Darm-Infekt 130
- Verstopfung 130
- Erkältung 131
- Fieber 131

Vegan Pass für Kinder 132

Erfahrungen vegan lebender Familien 134
- Lieblingsrezepte der vegan lebenden Familien 145

Nährstofftabelle 146

Rezept- und Stichwortverzeichnis 151

Danksagung 154

Über die Autorin 154

Vorwort

Kinder lieben Tiere! Umso besser, wenn wir als Eltern unseren Kindern eine gesunde und vielseitige Ernährung bieten können, für die möglichst wenige Tiere zu Schaden kommen. Dieses Buch ist für Eltern gedacht, die ihre Kinder bewusst vegan ernähren wollen. Es ist auch für die Kinder hilfreich, welche aus gesundheitlichen Gründen auf tierische Produkte, wie zum Beispiel Kuhmilch, verzichten. Grundsätzlich ist es aber für alle Eltern ein Ratgeber, denen sowohl eine abwechslungsreiche und gesunde Ernährung ihrer Kinder, als auch die Tiere, Menschen und unsere Umwelt am Herzen liegen. Das Buch soll als Leitfaden vom Beginn der Beikost bis über die Teilnahme an den festen Mahlzeiten hinaus dienen und mit vielen Rezepten und Ideen dazu beitragen, dass dein Kind Freude und Neugier am Essen entwickeln kann. In dem Buch finden sich bewusst einfache und unkomplizierte Speisen für den Alltag mit Kind, welche zumeist aus wenigen Zutaten bestehen, schnell zuzubereiten sind, und einfach lecker schmecken. Zusätzlich findest du Informationen zu verschiedenen Themen wie dem Beginn der Beikost, Nährstoffen, der Ernährung kranker Kinder, dem Feiern von Festen sowie einem Vegan Pass für dein Kind und interessante Erfahrungsberichte vegan lebender Familien. Vegane Ernährung wird mit diesem Ratgeber kinderleicht!

Meine nun dreieinhalbjährige Tochter und ich konnten in den letzten Jahren viele Erfahrungen in Bezug auf veganes Kochen für Kinder sammeln, die ich nun in diesem Buch mit euch teilen möchte. Wir haben Brei gekocht, alle erdenklichen Geschmäcker erkundet, mit allen Sinnen genossen, viele Rezepte kreiert, Informationen zur veganen Ernährung gesammelt…und nun möchte ich euch ebenfalls so viel Spaß dabei wünschen wie meine Tochter und ich ihn hatten und weiterhin haben!

Christina Kaldewey

Einleitung

Kinder vollziehen innerhalb ihrer ersten Lebensjahre eine ungeheure Entwicklung. Sie lernen Sitzen, Laufen, Sprechen, Denken und viele andere Dinge, und können durch ihre wachsenden Fähigkeiten mehr und mehr die Welt entdecken. Für diese Entwicklung benötigen sie viele Nährstoffe und Energie, welche sie durch eine gesunde vegane Ernährung erhalten können. Die US-amerikanische Ernährungsorganisation Academy of Nutrition and Dietetics (ehemals ADA) hat in ihrem Positionspapier deutlich hervorgehoben: „Eine gut geplante vegane Ernährung ist für jede Lebensphase geeignet, inklusive während der Schwangerschaft, Stillzeit, Kindheit und Pubertät". Sie hat zudem noch herausgestellt, dass durch eine solche Ernährungsweise bestimmten Krankheiten, wie zum Beispiel Herzerkrankungen und Diabetes Typ 2, vorgebeugt werden kann. Dass nicht nur eine vegane Ernährung gut geplant sein sollte, sei hier nur am Rande angemerkt. Denn ganz gleich ob es um vegane oder unvegane Kinderernährung geht: die Schlüssel zu einer ausgewogenen, gesunden Ernährung sind Vielfältigkeit und Qualität der Lebensmittel, die Fähigkeit Neues zu probieren und die Freude am Essen!

Eltern, die sich mit der Thematik Kinderernährung auseinandersetzen, werden schnell merken, dass es diesbezüglich eine Fülle unterschiedlicher Empfehlungen gibt. Diese Vielfalt und der Wandel von Meinungen werden auch in anderen kinderspezifischen Themen, wie Schlaf, Trockenwerden und Ähnlichem, immer wieder deutlich. Eltern können sich darin selbst positionieren und dafür am besten die eigenen Kinder als Wegweiser in den Blick nehmen. Gesunde Kinder wissen selbst sehr genau, wann und wie viel sie trinken möchten. Sie merken, wann sie bereit dafür sind, andere Nahrungsmittel zu testen und werden die Eltern durch deutliche Signale darüber informieren. Sie wissen auch, was sie gerne essen, was sie nicht mögen und wie viel sie gerade zu sich nehmen möchten. All diese Dinge kann keine Ernährungsstudie deiner Familie mitteilen. Vertraue deinem Kind und sieh es als kompetent für seine Ernährung an. Mache abwechslungsreiche und altersentsprechende Nahrungsangebote. Das ist es, was einen auf Essen neugierigen Säugling zu einem Kind mit der Fähigkeit genussvoll und gesund zu essen macht!

Mit steigendem Alter wird dein kleiner Entdecker verschiedene Lebensmittel probieren und Lieblingsspeisen finden. Der Geschmack deines Kindes ist dabei vielfältig, phasenweise aber auch einseitig. Wenn es immer gerne Möhren mochte und dieses Gemüse auf einmal verschmäht, dann hat sich der Geschmack geändert. Vielleicht mag es in einem halben Jahr wieder jeden Tag Möhren essen. Ebenso variiert der Appetit bei deinem Kind wie bei dir. Es wird Phasen geben (z.B. Wachstumsphasen), in denen es Unmengen isst, gefolgt von Phasen, in denen nur noch Spatzenportionen verzehrt werden. Auch die Tageszeit des Essens kann verschieden sein. Es gibt Kinder, die das Frühstück abweisen, dafür aber beim Mittag- und Abendessen ordentlich zulangen. Die Tagesbilanz ist dabei das entscheidende, nicht die Uhrzeit. Kinder haben bezogen auf ihre Ernährung ein gutes Gespür für die Bedürfnisse des eigenen Körpers und Eltern tun gut daran, dies zu unterstützen und nicht durch übermäßig kontrolliertes Essen zu überdecken. Du kannst dich also darauf konzentrieren, beim Einkauf eine nährstoff- und abwechslungsreiche Lebensmittelauswahl zu treffen, regelmäßig gesundes und nahrhaftes Essen anzubieten und auf die Signale deines Kindes zu hören, wann und wie viel Hunger oder Durst es hat.

Die ersten Lebensjahre eines Kindes werden insgesamt als sehr prägend angesehen. Dies gilt auch für den Bereich der Ernährung. Innerhalb dieser Zeit wird der Grundstock für das zukünftige Ernährungsverhalten gelegt. Durch eine vielfältige vegane Kost kann dein Kind ein breites Spektrum an Nahrungsmitteln kennenlernen, den eigenen Geschmackssinn schärfen, das Essen mit allen Sinnen genießen, das Kochen für sich entdecken, die Freude des Miteinanders am Esstisch teilen.

Du als Mutter oder Vater wirkst auch in diesem Bereich als Vorbild für dein Kind und kannst somit ein Stück weit darauf einwirken, welche Ernährungsgewohnheiten und Verhaltensweisen bei Tisch dein Kind nachahmen und erlernen soll. Gemeinsames Zubereiten und Verzehren von Essen und Getränken macht Spaß und weckt die Neugier auf Neues.

Wichtige Nährstoffe

Eltern wollen ihre Kinder mit allen Nährstoffen gut versorgt wissen, da diese wichtig für eine gesunde Entwicklung sind. So viel steht fest! Alle Eltern, ob sie ihr Kind nun vegan ernähren oder nicht, sollten sich Gedanken über eine gesunde, ausgewogene Ernährung machen, um den Energie- und Nährstoffbedarf des Kindes zu decken.

Gerade Eltern, welche ihre Kinder vegan ernähren wollen, stehen oft vor der Frage: kann mein Kind durch eine vegane Ernährung alle wichtigen Stoffe erhalten? Verunsicherungen durch Medien, Ärzte und das soziale Umfeld kommen oft noch hinzu und tragen dazu bei, dass Zweifel aufkommen, ob diese Ernährungsweise denn nun wirklich gesund für das Kind ist.

Unablässig ist es also, dass du dich über einige besonders wichtige Nährstoffe informierst, welche in der veganen Ernährung Aufmerksamkeit verdienen. Im Folgenden werden dir Informationen über Eisen, Calcium, Vitamin D, Vitamin B12, essentielle Fettsäuren und Proteine nähergebracht. Am Ende des Buches findest du eine Nährstofftabelle, in der diese und weitere Nährstoffe sowie die entsprechenden Referenzwerte für Kinder aufgeführt sind. Diese kann auch bei einer Nahrungsergänzung praktisch sein, um eine Dosierung besser abschätzen zu können. Wenn du dich noch näher mit den einzelnen Referenzwerten und Nährwerten verschiedener Lebensmittel auseinandersetzen möchtest, ist die recht informative und detaillierte Ausarbeitung von Katharina Petter und Tobias Pohlmann „Die große vegane Nährwerttabelle" hilfreich. Fortlaufend aktuelle Referenzwerte für Kinder und Erwachsene findest du auch auf der Internetseite der Deutschen Gesellschaft für Ernährung.

Natürlich gibt es Aussagen dazu, wie viele Einheiten der verschiedenen Stoffe täglich zugeführt werden sollten. Oftmals führt dies zu noch mehr Zweifel: hat mein Kind nun wirklich 600 mg Calcium erhalten? Ist der Eisenbedarf tatsächlich gedeckt? Zudem ändern sich die Angaben zu diesem Thema stetig und die Aussagen für Kinder werden meist aus den Referenzwerten von Erwachsenen herunter gerechnet, was wiederum zu Unklarheiten führt. Auch ist es schwer zu sagen, welche Menge der einzelnen Nährstoffe tatsächlich in den entsprechenden Lebensmitteln zu finden ist. Aus diesen Gründen wird an dieser Stelle auf diese Angabe verzichtet und der Fokus darauf gerichtet, dass du deinem Kind vielfältige, ausgewogene Kost zur Verfügung stellst. Wie schon im vorigen Kapitel beschrieben, kannst du als Mutter oder Vater steuern, welche Lebensmittelauswahl zuhause besteht, sodass die verschiedenen Nährstoffe durch einen gezielten Einkauf und ein gewähltes Anbieten der Nahrung abgedeckt werden können. Täglich Produkte aus den im Folgenden aufgeführten Gruppen in den Speiseplan mit einzubeziehen, ist eine gute Möglichkeit, den Nährstoffbedarf zu decken. Wer also auf abwechslungsreiche, mit Bedacht ausgewählte Kost setzt und sein Kind dabei unterstützt, ein Gefühl für die eigenen Nahrungsbedürfnisse zu entwickeln, kann davon ausgehen, dass es alle für die Entwicklung wichtigen Stoffe zu sich nimmt.

Neben dieser Auswahl ist es wichtig, wie auch in anderen Lebensbereichen, einen sensiblen Blick für sein Kind zu entwickeln. Unabhängig von der veganen Ernährung kannst du so frühzeitig eventuelle Nährstoffdefizite ausgleichen. Die Beobachtung deines Kindes durch dich und den Kinderarzt deines Vertrauens kann dabei hilfreich sein. Auch kann dieser bei Zweifeln beispielsweise einen Bluttest durchführen, um etwa den Verdacht eines Eisenmangels zu bestätigen oder zu widerlegen. Im Folgenden werden bei den einzelnen Nährstoffen Symptome eines Mangels beschrieben. Diese können vielfältige Ursachen haben, sollen jedoch bei der Einordnung deiner Beobachtungen dienlich sein. Wenn dein Kind zum Beispiel lustlos und unkonzentriert ist, muss nicht zwingend ein Eisenmangel vorliegen. Es könnte sich auch um einen schwelenden Infekt handeln, durch Wetterumschwung bedingt sein, eine psychische Ursache zugrunde liegen usw. Einem Verdacht nachzugehen, ist jedoch allemal sinnvoll und hilft, Unsicherheiten auszuräumen.

Eisen

Das Spurenelement Eisen ist wichtig für den Sauerstofftransport im Blut, für die Bildung verschiedener Enzyme, für das Immunsystem, die Muskelaktivität und die geistige Leistungsfähigkeit.

Reichlich Eisen ist in folgenden Lebensmitteln enthalten:
Hirse, Weizenkeime und -kleie, grünes Gemüse wie Brokkoli und Spinat, getrocknete Früchte, Vollkornprodukte, Haferflocken, Tofu, roter Trauben- und Rote Bete-Saft, Nüsse und Samen/Nussmus und Tahin, Hülsenfrüchte

Einige dieser Nahrungsmittel sollten täglich auf dem Speiseplan stehen, um eine ausreichende Eisenversorgung zu gewährleisten. Eine Kombination mit Vitamin C-haltigen Lebensmitteln ist empfehlenswert, da dies die Eisenaufnahme verbessert. Isst dein Kind zum Beispiel morgens ein Vollkornbrot, ist es ratsam, einen Fruchtaufstrich als Belag zu wählen oder Obst dazu anzubieten. Ein Mittagessen mit Hirse kann sinnvoll durch ein Glas Orangensaft ergänzt werden. Eine gleichzeitige Gabe von eisen- mit calciumreicher Kost hingegen verringert die Eisenresorption. Daher sollten eisen- und calciumreiche Mahlzeiten möglichst voneinander getrennt werden.

Kinder, die an Eisenmangel leiden, wirken lustlos und müde, können sich nicht gut konzentrieren, sind anfälliger für Infekte oder haben brüchige Nägel. Auch kann die Innenseite des unteren Augenlids nicht mehr rot, sondern schwach durchblutet zartrosa wirken. Bei diesen Anzeichen sollte ein Kinderarzt konsultiert und der Eisenwert gemessen werden, da ein länger bestehender Eisenmangel die kindliche Entwicklung gravierend beeinträchtigen kann.

Calcium

Calcium ist für die Bildung und Stabilität von Knochen und Zähnen essentiell. Zudem ist es wichtig für die Blutgerinnung und die Aktivierung einiger Enzyme und Hormone.

Calcium ist zum Beispiel in folgenden Lebensmitteln enthalten:
Wasser mit hohem Calciumgehalt, angereicherte Pflanzenmilch, dunkelgrünes Blattgemüse, Mandeln und Haselnüsse/Nussmus, Sesam/Tahin und Mohn, getrocknete Feigen, Tofu

Die Versorgung mit Calcium ist zudem abhängig von Vitamin D, welches regulierend auf den Calciumspiegel im Blut und beim Knochenaufbau wirkt. Die Calciumaufnahme wird durch eine hohe Zufuhr von Protein, Zucker und Salz behindert.

Vielfach werden gerade Eltern mit der Aussage konfrontiert, dass Kuhmilch und Kuhmilchprodukte die einzig wahren Calciumlieferanten seien. Doch gerade Calcium aus der Kuhmilch kann vom menschlichen Organismus aufgrund des tierischen Proteins nicht gut aufgenommen werden, da durch einen steigenden Säuregehalt des Blutes und der Zellen sogar Calcium abgebaut, und der Knochen geschwächt wird. Pflanzliche Alternativen können also besser den Bedarf an Calcium decken.

Eine gestörte Zahnentwicklung gilt als Symptom eines Calciummangels. Bei leichteren Mangelzuständen kann es auch zu Muskelkrämpfen, Zittern und Missempfindungen auf der Haut kommen. Rachitis ist eine Erkrankung des wachsenden Knochens, welche sich in Wachstumsstörungen und Verformungen der Knochen zeigt. Sie ist ursächlich auf einen Vitamin D- Mangel zurückzuführen, welcher dazu führt, dass Calcium nicht in den Knochen eingebaut werden kann.

Vitamin D

Vitamin D ist wichtig für den Knochenaufbau und trägt zur Aufnahme von Calcium bei.

Vitamin D ist vor allem in folgenden Lebensmitteln enthalten:

Angereicherte Pflanzenmilch und angereicherte vegane Margarine
Bei diesen Produkten ist darauf zu achten, dass es sich um das pflanzliche Vitamin D2 handelt. Vitamin D3 ist zumeist tierlichen Ursprungs.

20 % des Vitamin Ds werden über die Nahrung aufgenommen. Die restlichen 80 % des Vitamins kann der Körper über Sonneneinstrahlung auf die Haut synthetisieren. Kinder sollten sich also mindestens 30 Minuten täglich im Freien aufhalten. Natürlich muss dabei gerade bei kleinen Kindern auf ausreichenden Schutz der Haut geachtet werden. Die Verwendung von Sonnenschutzmitteln hemmt jedoch die Synthetisierung des Vitamins. Auch ist die Sonneneinstrahlung hierzulande gerade im Winter eher gering, sodass in dieser Zeit die Nahrung entsprechend anzureichern ist, oder eine Gabe von Vitamin D-Präparaten erwogen werden muss. Der regelmäßige Aufenthalt im Freien ist aber in jedem Fall empfehlenswert.

Kinder, die einen Vitamin D-Mangel aufweisen, können, wie in den Ausführungen über Calcium beschrieben, an Rachitis leiden. Meist werden deshalb zeitnah nach der Geburt Vitamin D-Präparate verschrieben, welche jedoch nicht vegan sind. Eine Rachitis lässt sich durch eine Gabe von Vitamin D und ggf. Calcium wieder beheben. Vorbeugend ist eine enge Kooperation mit dem Kinderarzt zu empfehlen, falls auf eine Gabe von Vitamin D-Präparaten verzichtet wird. Der regelmäßige geschulte Blick eines kompetenten Arztes kann eine Rachitis frühzeitig erkennen und behandeln.

Vitamin B12

Vitamin B12 ist wichtig für den Zellstoffwechsel, die Bildung roter Blutkörperchen und die Funktion des Nervensystems.

Vitamin B12 ist nur in angereicherten Lebensmitteln enthalten wie zum Beispiel:

Angereicherte Pflanzenmilch und andere angereicherte

Produkte wie z.B. Frühstücksflocken, Säfte

Kinder, die einen Mangel an Vitamin B12 haben, können bleibende Schäden des Nervensystems davontragen. Die Entwicklung kann beeinträchtigt und eine Blutarmut ausgebildet werden. Die Kinder wirken unruhig und nervös. Aufgrund der Blutarmut kommt oft Müdigkeit und Konzentrationsschwäche als Anzeichen hinzu. Es können sich nervliche Symptome wie Aggressivität, Gereiztheit und Ängste zeigen. Ein Vitamin B12-Mangel zeigt sich bei kleinen Kindern schneller, da sie noch nicht über einen gefüllten Speicher des Vitamins verfügen. Wichtig ist, direkt auf eine ausreichende Zufuhr von Vitamin B12 zu achten, um es gar nicht erst zu diesen problematischen Auswirkungen kommen zu lassen. Ein Mangel kann aber auch entstehen, wenn die Aufnahme des Vitamins über die Magen-Darm-Schleimhäute gestört ist. Da kleine Kinder meist eine intakte Magen-Darm-Flora aufweisen, ist dies eher unwahrscheinlich, sollte jedoch als Möglichkeit eines Mangels im Hinterkopf behalten werden.
Vitamin B12-Mangel und eine entsprechende Vorbeugung sind übrigens nicht ein rein „veganes Problem", sondern betreffen alle Ernährungsweisen und sollten dementsprechend immer im Blick behalten werden.

Essentielle Fettsäuren

Essentielle Fettsäuren, wie z.B. Omega3-Fettsäure, sind wichtig für die Zellfunktionen, die Entwicklung des Gehirns sowie der Augen und haben positive Auswirkungen auf die Fließeigenschaften des Blutes. Es sind ungesättigte Fettsäuren, welche nicht vom menschlichen Körper synthetisiert werden können, sondern über die Nahrung zugeführt werden müssen.

Essentielle Fettsäuren sind in folgenden Lebensmitteln enthalten:
Rapsöl, Weizenkeimöl, Leinöl, Nüsse

Leinöl ist eher herb und trifft meist nicht den Geschmack von Kindern. Mildere Alternativen sind z.B. Rapsöl und Walnussöl. Einige Biofirmen bieten ein sehr mildes und geschmacksneutrales Pflanzenöl an, welches speziell für Säuglings- und Kleinkindernährung zu empfehlen ist.

Proteine

Proteine sind Eiweiße, welche als Grundbaustein der Zellen fungieren. Sie regulieren den Flüssigkeitshaushalt, sind wichtig für ein intaktes Immunsystem und liefern dem Körper wertvolle Energie.

Ein hoher Proteinanteil ist in folgenden Lebensmitteln zu finden:
Hülsenfrüchte, Tofu, Nüsse/Nussmus, Samen, Getreide

Stehen diese Lebensmittelgruppen auf dem täglichen Speiseplan, so ist der Proteinbedarf eines Kindes schnell zu decken.
Im Gespräch rund um das Thema Protein steht eher eine zu hohe Proteinaufnahme durch die Ernährung auf dem Prüfstand. Ein Überangebot von Protein wirke sich langfristig negativ auf die Gesundheit aus und könne zu Übergewicht und Organschädigungen, z.B. der Nieren, führen.

Nahrungsergänzungsmittel: Ja oder Nein?

Kindern Nahrungsergänzungsmittel zu verabreichen klingt für viele Eltern abschreckend. Sie favorisieren eine möglichst natürliche Ernährung. Dagegen ist erstmal auch nichts einzuwenden, insofern alle wichtigen Nährstoffgruppen abgedeckt sind. Vielen Produkten für Kinder sind Nahrungsergänzungen zugefügt. So finden sich in Säften, Fruchtschnitten und sogar Breiflocken zum Anrühren zugesetzte Vitamine, welche dann sowohl von vegan als auch nicht vegan lebenden Kindern konsumiert werden.

Bei Vitamin B12 werden Menschen, die ihre Kinder vegan großziehen wollen, allerdings nicht um eine Supplementierung herumkommen, da der Bedarf durch pflanzliche und angereicherte Lebensmittel nicht ausreichend gedeckt werden kann, und die Folgen eines Mangels für die Entwicklung des Kindes zu gravierend sind. Schon in der Stillzeit ist es deshalb entscheidend, als Mutter ausreichend Vitamin B12 zu supplementieren. Für die Zeit danach ist es wichtig, ein geeignetes Vitamin B12-Präparat für das Kind zu finden, da der Vitamin B12-Speicher bei kleinen Kindern noch nicht gefüllt ist. Je nach Dosierung werden diese Mittel gezielt täglich oder wöchentlich verabreicht. Es gibt z.B. Vitamin B12-Tropfen, welche bei kleinen Kindern leicht in Kompott oder Getränke eingerührt werden können. Ältere Kinder ab drei Jahren können auch auf Vitamin B12-Kautabletten zurückgreifen. Bei höher dosierten Vitamin B12-Präparaten ist zum Teil eine wöchentliche Gabe ausreichend. Supplemente mit der B12-Form Methyl-Cobalamin gelten als biologisch wirksamste Präparate und stellen eine direkte Versorgung mit Vitamin B12 sicher. Sie sind gegenüber Produkten mit der Form Cyano-Cobalamin zu bevorzugen. Da Vitamin B12 wasserlöslich ist und leicht ausgeschieden werden kann, ist eine Überdosierung bei normaler Anwendung nicht möglich.

Eine vorbeugende Nahrungsergänzung mit Eisen ist nicht empfehlenswert, da eine solche bei Überdosierung zu Vergiftungen führen kann. Diese zeigen sich durch Erbrechen, Durchfälle sowie Magenschmerzen und können bei kleinen Kindern lebensbedrohlich sein. Eisenpräparate sollten also nur bei bestehendem Mangel in Absprache mit dem Kinderarzt verabreicht werden. Manchen Kindersäften sind geringe Mengen Eisen zugefügt, welche aber bei normalem Verzehr nicht zu einer Überdosierung führen.

Bezüglich des Vitamin Ds ist abzuwägen, ob in den Wintermonaten von Oktober bis März eine Supplementierung in Frage kommt, da in diesen Monaten hierzulande die UV-B-Strahlung eher gering ausfällt, die für die Synthetisierung des Vitamins notwendig ist. Geeignet wären z.B. Vitamin D in Sprayform oder als Tropfen. Eine engmaschige Rachitisprophylaxe durch den Kinderarzt kann ebenfalls erwogen werden. Bei einer Gabe von Vitamin D sollte mit dem Kinderarzt eine passende Dosierung abgesprochen werden, um eine Überdosierung zu vermeiden. Wird Vitamin D über einen längeren Zeitraum in zu hohen Dosen verabreicht, kann es zu Beginn zu leichten Vergiftungserscheinungen wie Kopfschmerz, Übelkeit, Müdigkeit und Erbrechen kommen. Nach längerem Zeitraum drohen schlimmstenfalls, bedingt durch eine dauerhaft erhöhte Calciumkonzentration des Blutes, frühzeitige Verknöcherungen und Organschädigungen.

Die Frage, ob dein Kind Nahrungsergänzungsmittel bekommt oder nicht, liegt immer noch bei dir als Mutter oder Vater. Es wird Eltern geben, welche eher auf „Nummer sicher" gehen möchten und schneller zu diesen Mitteln greifen, und solche, die auf ihre Lebensmittelauswahl vertrauen und als Konsequenz sparsamer mit Nahrungsergänzungen umgehen. Gut informierte Eltern, die sich darüber auch mit ihrem Kinderarzt austauschen können, werden je nach Grundeinstellung und persönlichen Lebensumständen die richtige Wahl für ihr Kind treffen.

Produkte zur Nahrungsergänzung, speziell Vitamin B12 und Vitamin D, kannst du in der Apotheke oder in einem gut sortierten Veganversand erhalten. Auch in den Erfahrungsberichten vegan lebender Familien am Ende des Buches finden sich Anregungen zu diesem Thema.

Allgemein gesagt ist es einfacher, den Nährstoffbedarf zu decken, wenn dein Kind vielfältig isst, gerne Neues probiert und du ihm dadurch eine breite Palette an Lebensmitteln anbieten kannst. Denn was bringt es, alle Nährstoffe genauestens zu kennen, sie anzubieten und dein Kind kostet davon nichts… Um es noch einmal deutlich hervorzuheben: entscheidend ist es, probieren zu lassen und die Freude und Neugier am Essen zu wecken!

Tipp

Eine gute Idee für etwas ältere Kinder ist, ein bis zwei Mal täglich, z.B. mittags und/oder abends, eine Gemüserohkostplatte aufzutischen, auf der sich ein bis zwei bunte Gemüsesorten und Nüsse finden. Nachmittags kann ein Obstteller, kombiniert mit Studentenfutter oder Trockenfrüchten, überstreut mit Weizenkeimen oder Sesam gereicht werden. In einer Box verpackt eignet sich dies auch gut als Snack zum Mitnehmen! Allein dadurch deckst du viele Nährstoffe ab und kannst immer wieder verschiedenes Obst und Gemüse der Saison zum Knabbern und Entdecken anbieten. Dazu wählst du dir einfach die passenden Gerichte für den Tag aus. Hier ein möglicher Tagesplan: Frühstück: Bananen-Getreide-Shake oder Müsli mit angereicherter Pflanzenmilch und Obst. Mittagessen: Kartoffeln und Brokkoli mit Linsen-Tofu-Bratlingen. Abendbrot: Dinkelgrießbrei mit Mandelmus, Vollkornbrot mit Aufstrich und Gurkenscheiben oder für Naschkatzen Vollkornbrot mit Schoko-Nuss-Creme. Im Rezeptteil des Buches findest du zahlreiche weitere Anregungen. Dein Kind wird dir zeigen, was es gerne mag!

Auswahl der Lebensmittel

Bei der Auswahl der Lebensmittel sind kontrolliert biologische Zutaten zu bevorzugen, da sie gegenüber konventionell hergestellten den Vorteil haben, dass sie weniger mit Schadstoffen belastet sind, bei ihrem Anbau auf Gentechnik verzichten und die Umwelt geschont wird.

Saisonale und regionale Produkte enthalten mehr Nährstoffe, da sie reif geerntet werden können und keine langen Transportwege zurücklegen müssen. Im Internet gibt es z.B. einen Saison-Kalender, der zeigt, welches Lebensmittel gerade geerntet wird. In deiner Nähe wird es sicherlich einen Biohof oder Bioladen geben, welcher von einem lokalen Anbieter beliefert wird, bei dem du diese Produkte findest.

Du kannst dein Kind in die Auswahl der Lebensmittel mit einbeziehen. Nimm es mit zu deinem Einkauf. So lernt es verschiedene Lebensmittel kennen, und kann sich zum Beispiel Obst und Gemüse aussuchen, welches ihm interessant erscheint. Der gemeinsame Einkauf macht Spaß und weckt die Neugier auf das Essen! Wer die Möglichkeit hat selbst Obst und Gemüse anzubauen, kann neben dem schmackhaften Ertrag den Kindern die Aufzucht, Pflege und Ernte nahebringen. Kinder haben Spaß beim Gärtnern und lernen dadurch Lebensmittel kennen und schätzen. Auch ohne Garten können auf Balkon oder Fensterbank leicht Tomaten und Kräuter herangezogen werden.

Allgemein gesagt gibt es Lebensmittel, die für Säuglinge und Kleinkinder weniger geeignet sind. Dazu zählen z.B.:

- Kohlgemüse, da diese stark blähen können. "Mit steigendem Alter (ungefähr ab dem ersten Geburtstag) kann Kohl in kleinen Mengen probiert werden, jedes Kind reagiert anders darauf. Warte einfach noch ein wenig, wenn dein Kind danach Bauchschmerzen und Blähungen bekommt, und versuche es zu einem späteren Zeitpunkt wieder.
- Zitrusfrüchte, da sie durch ihre Säure zum Wundsein beitragen können. Auch hier gilt wie bei den Kohlgemüsen: um den ersten Geburtstag herum kann probiert werden.
- Beerenfrüchte und Steinobst können in kleinen Mengen gedünstet angeboten werden. Roh verzehrt können sie bei kleineren Kindern Wundsein und Blähungen hervorrufen.
- Hülsenfrüchte, da sie wie Kohl zu Blähungen führen können. Dies ist vor allem im ersten Lebensjahr der Fall, danach können Hülsenfrüchte auf Verträglichkeit getestet werden.
- Zwiebeln, Porree und Lauch, da sie blähend wirken können. Auch diese können nach und nach in den Speiseplan einbezogen werden.
- Scharfe Lebensmittel und Gewürze, da sie die Schleimhäute in Mund und Verdauungstrakt reizen und ebenfalls Wundsein hervorrufen können.
- Zu viel Salz, da es vor allem im ersten Lebensjahr die Nieren belastet und dem Körper wichtige Flüssigkeit entzieht. Die Empfehlung lautet, Salz ab dem zweiten Lebensjahr dosiert einzusetzen.
- Zu viel Zucker, da Zucker sowohl Karies fördert als auch die Calciumaufnahme stört. Zucker kann bestenfalls nach dem ersten Geburtstag sparsam

genutzt werden.
- Nitrathaltiges Gemüse wie Spinat sollte nicht aufgewärmt werden, da es sonst bei Säuglingen und Kleinkindern zu Vergiftungen kommen kann.
- Nüsse, da sie von Säuglingen und kleinen Kindern verschluckt werden können. Alternativen sind in diesem Alter dann Nussmus oder gemahlene Nüsse. Ab einem Alter von drei Jahren können in der Regel auch ganze Nüsse problemlos verzehrt werden.

Auch unter dem Aspekt der **Allergieprophylaxe** ist es sinnvoll, einige Lebensmittel im Auge zu behalten:

- Gluten (hoher Glutengehalt zum Beispiel in Weizen, Roggen, Hafer, Gerste)
- Nüsse (auch Erdbeeren gehören zu den Nussfrüchten)
- Zusatzstoffe und Aromen (sind gehäuft in Fertigprodukten zu finden)
- Sojaprodukte: Soja ist einerseits unter dem Aspekt der Allergieprophylaxe relevant. Andererseits sollen Sojaprodukte sogenannte Phytoöstrogene enthalten. Diese weisen eine strukturelle Ähnlichkeit zum weiblichen Geschlechtshormon Östrogen auf. Die Wirkung auf Säuglinge und Kleinkinder wird diesbezüglich kontrovers diskutiert. Innerhalb des ersten Lebensjahres kommt als Muttermilchersatz sojabasierte Säuglingsnahrung in Frage. Ansonsten ist es ratsam, erst ab dem vollendenten ersten Lebensjahr Sojaprodukte in Form von Sojamilch, Sojajoghurt und Tofu einzuführen. Wer den Sojakonsum reduzieren möchte, hat die Möglichkeit auf andere Pflanzenmilchsorten wie Hafermilch, Reismilch, Dinkelmilch oder Mandelmilch zurückzugreifen. Auch Cuisine (eine pflanzliche ungesüßte Sahne) ist auf Soja-, Hafer-, Dinkel- oder Reisbasis erhältlich.
- Lebensmittel wie Kuhmilch und Kuhmilchprodukte sowie Honig betreffen ein vegan ernährtes Kind nicht. Diese Lebensmittel sollten aber für alle Säuglinge im ersten Lebensjahr tabu sein, da sie ein hohes Allergiepotential haben und zu Laktoseintoleranz und Vergiftungen durch Honig führen können.

Um Allergien gegen Lebensmittel frühzeitig zu erkennen, empfiehlt sich eine schrittweise Einführung der Lebensmittel. Im Kapitel Brei-Baukasten findest du nähere Informationen zu diesem Thema. Wenn innerhalb der Familie Nahrungsmittelunverträglichkeiten bekannt sind, ist es ratsam, ein besonderes Augenmerk auf eine langsame Herangehensweise zu richten. Meide vor allem die als unverträglich bekannten Lebensmittel und führe sie erst behutsam nach dem ersten Geburtstag ein. Eine Kooperation und Absprache mit deinem Kinderarzt ist unter diesem Aspekt ebenfalls ratsam.

Wir kochen und essen

Kinder helfen im Allgemeinen sehr gerne beim Kochen und allem, was damit zusammenhängt. Säuglinge schauen gerne beim Kochen, Abwaschen und Tischdecken zu. Kleinen Kindern bereitet es Spaß, mit Küchenutensilien wie z.B. Schneebesen, Pfannenwender oder Löffel zu spielen und an Lebensmitteln zu riechen. Sie können mithelfen, indem sie etwas in einen Topf werfen, etwas umrühren, ausrollen, ausstechen oder belegen. Dabei darf auch gerne schon einmal probiert werden! Ältere Kinder mögen es, kleine Gerichte selbst zuzubereiten, den Tisch zu decken und nach dem Essen abzuwaschen. Spielerisch angeboten kann dies Kindern dazu verhelfen, Essen und die Zubereitung schätzen zu lernen, Offenheit für Neues und Freude am gemeinsamen Kochen, Backen und Essen zu entwickeln.

Beim Kochen ist Wert darauf zu legen, dass die Zutaten möglichst wenig verarbeitet werden. Das bedeutet, viel Rohkost mit einzubeziehen und kurzes Dünsten mit wenig Wasser oder Dampfgaren zu bevorzugen. Kochwasser von Gemüse, mitsamt den im Wasser gelösten Nährstoffen, kann gut zu einer Suppe oder Sauce verarbeitet werden. Salz und Zucker können durch Kräuter und Fruchtsüße ersetzt werden.

Zum Thema Süßigkeiten sei gesagt, dass sie als besondere Nascherei in die Ernährung mit einbezogen werden können. Säuglinge und junge Kleinkinder haben erst einmal genug damit zu tun, alle anderen Lebensmittel kennenzulernen. Ältere Kleinkinder und Kinder genießen zum Beispiel bei Festen, beim Besuch der Großeltern, bei Freunden, oder auch einfach mal zwischendurch am Nachmittag zuhause eine kleine Leckerei. Obst und Trockenfruchtbällchen (Rezept Seite 90) sind gesunde Alternativen zu Keksen und Co. Gemeinsames Backen eines Kuchens für den Besuch macht ebenfalls Freude, und der bewusste Genuss von Naschereien kann, in Maßen, den Alltag ein wenig versüßen. Das gleiche gilt auch für salzige Knabbereien. Nach dem Verzehr von Süßigkeiten, ist es notwendig, die Zähne zu putzen. Bei süßen oder kohlenhydrathaltigen Getränken sollte die Trinkdauer begrenzt werden, insbesondere, wenn kleine Kinder diese aus der Flasche konsumieren. Regelmäßige Zahnpflege verhindert, dass die Milchzähne oder bleibenden Zähne von Karies befallen werden.

Wenn das Essen dann lecker duftend auf dem Tisch steht, kann es genüsslich verspeist werden. Eine Kerze oder eine Blume auf dem Tisch sorgen dabei für eine gemütliche Atmosphäre. Die Zeit des gemeinsamen Essens kann eine Insel für Entspannung, Reden und Lachen sowie Genuss inmitten eines oft hektischen Alltags sein.

Übergang vom Trinken zu Brei oder Fingerfood

Den richtigen Zeitpunkt, um mit Beikost zu starten, gibt es nicht. Lass dein Kind entscheiden, wann es bereit dazu ist. Es gibt Kinder, welche schon mit vier Monaten Interesse an fester Nahrung zeigen und Kinder, bei denen es bis zum Ende des ersten Lebensjahres dauert. Irgendwann kommt der Zeitpunkt, an dem dein Kind mit (neu-)gierigem Blick jeden Löffel beobachtet, der in deinem Mund verschwindet. Vielleicht beginnt es sogar, selbst zu schmatzen und imitiert deine Kaubewegungen. Mit Sicherheit wird auch bald eine kleine Hand auf deinen Teller greifen, um das Essen einmal selbst zu befühlen, daran zu riechen, damit zu matschen und eventuell auch zu probieren. Dieser Moment der natürlichen Neugier für das Essen läutet ein neues Kapitel ein: dein Kind will die Welt der Nahrungsmittel erkunden!

Matschen, Kneten, Essen auf den Tisch befördern und damit kunstvoll malen, in den Mund stecken, ein wenig kauen und es dann ausspucken, langsam aus dem Mund quetschen oder auch prusten… all das sind Experimente, welche die Entdeckung fester Nahrung mit sich bringen können. Dein Kind wird mit großer Freude mit dem Essen spielen. Es kann dabei verschiedene Geschmäcker erkunden, Konsistenzen von Essen kennenlernen, Gerüche wahrnehmen, das Essen befühlen, alles kann erlaubt sein, was die Nerven der Eltern hergeben. Vielleicht hat dein Kind zu diesem Zeitpunkt schon ein paar Zähne, die es ausprobieren kann, oder es kaut auf dem Kiefer oder lutscht und saugt die Lebensmittel aus.

Das Spielen mit dem Essen ist ein wichtiger Schritt für die Entwicklung der selbstständigen Nahrungsaufnahme und relevant für die Neugier und den Spaß am Essen. Über Essensregeln können sich Eltern zu einem späteren Zeitpunkt Gedanken machen, es wird nicht zu spät sein. Nun stehen erst einmal die aktive Erforschung und das Ausprobieren im Vordergrund. Mit den Fingern essen, einen Löffel, eine Gabel und mit steigendem Alter ein stumpfes Kindermesser auszuprobieren, sind jetzt spannende Herausforderungen, die es vorher zu meistern gilt. Zum Thema Essensregeln sei gesagt, dass Kinder ihre Eltern imitieren und daher die vorgelebten Verhaltensweisen früher oder später übernehmen können. Iss selbst mit Freude und Genuss, probiere die verschiedensten Gerichte und sei offen gegenüber neuen Zutaten. Benutze z.B. Messer und Gabel zum Essen, esse zu ungefähr festgelegten Zeiten am Esstisch, dann wird dein Kind mit großer Wahrscheinlichkeit ebendiese Dinge kopieren.

Zu Beginn ist es sinnvoll, eine Still- oder Flaschenmahlzeit durch Brei zu ersetzen. Es bietet sich an, mittags einen Gemüsebrei zu servieren. Nach und nach können dann vormittags und nachmittags ein Getreide-Obst-Brei und abends ein Pflanzenmilch-Getreide-Brei eingeführt werden. Mache es vom Appetit und Geschmack deines Kindes abhängig, wann und welchen Brei du zubereitest. Es wird Kinder geben, die am liebsten den ganzen Tag Gemüse essen und auch Kinder, die lieber Pflanzenmilch- oder Getreidebrei mögen. Du kannst also variieren und verschiedenste Kombinationen anbieten.

Brei-Baukasten

Brei selbst herzustellen ist leicht und schmeckt besonders gut. Ein großer Vorteil ist, dass du die Zutaten selbst in der Hand hast und je nach Geschmack deines Kindes abwandeln kannst. Zugegebenermaßen ist es verführerisch und weniger zeitaufwendig, auf fertige Breigläschen zurückzugreifen. Doch mit ein bisschen Übung und einem Kochen auf Vorrat geht auch das Selbstzubereiten einfach und schnell und der Geschmack dabei ist unübertroffen. Der folgende Breibaukasten ist so zusammengestellt, dass die Basissorten Gemüse-, Obst-, Pflanzenmilch- und Getreidebrei vorgestellt werden. Daneben findest du leckere Rezeptideen und Informationen über das Trinken bei Einführung der Beikost. Für Kinder, die Brei an sich ablehnen gibt es im darauffolgenden Kapitel Hinweise zu geeignetem Fingerfood.

Zu Beginn wirst du nur kleine Mengen Brei benötigen, da sich dein Kind erst einmal mit dem neuen Nahrungsmittel auseinandersetzen wird. Vielleicht wird es an einem Tag einen Löffel - oder eine Hand - Brei probieren wollen, am nächsten Tag gleich eine ganze Schale davon verdrücken und am dritten Tag den Brei überhaupt nicht mehr anrühren. Der Appetit und der Geschmack variiert, wie bei Erwachsenen, von Tag zu Tag. Wenn ein Kind zum Beispiel den Möhrenbrei erst einmal verweigert, kann es gut sein, dass es in zwei Wochen gar nicht genug davon bekommen kann.

Durch eine stufenweise Einführung verschiedener Lebensmittel, zum Beispiel erst Möhre pur für ein paar Tage, dann Zucchini pur, dann Birne pur usw., kann die Verträglichkeit der verschiedenen Obst- und Gemüsesorten beurteilt werden. Beobachte einfach die Verdauung und die Haut deines Kindes: hat es Bauchweh nach den Mahlzeiten? Stößt es oft auf? Bekommt es Durchfall oder Verstopfung? Sind Hautreaktionen sichtbar? Falls du etwas Derartiges wahrnimmst, sollte das Obst oder Gemüse erst einmal vom Speiseplan gestrichen werden. Du kannst es nach ein paar Wochen nochmal probieren, es sei denn die Reaktion war sehr heftig. Beobachte dann ob es besser vertragen wird oder unverträglich bleibt. Bei starken und wiederkehrenden Unverträglichkeiten ist es sinnvoll, sich die Meinung des Kinderarztes einzuholen.

Dein Kind wird eventuell eine bestimmte Konsistenz und Temperatur des Breis bevorzugen. Hier kannst du einfach ausprobieren, z.B. durch die Zugabe von mehr oder weniger Flüssigkeit und das Anbieten von unterschiedlich temperiertem Brei.

Tipps für das Kochen und Lagern von Brei

Gerade weil zu Beginn der Beikost noch nicht klar ist, welche Geschmäcker dein Kind bevorzugt und auch eher geringe Mengen benötigt werden, ist es sinnvoll, verschiedene Obst- und Gemüsesorten immer wieder anzubieten und auch im Vorrat zu haben.

Einfrieren

Fange einfach an, zwei oder drei Arten von Brei in kleineren Portionen zu kochen und diese in Eiswürfelbehältern einzufrieren. Dann kann zu den Mahlzeiten ein Breiwürfel aufgetaut, und bei mehr Hunger des Kindes auch schnell ein zweiter oder dritter zubereitet werden.

Fülle dazu den Brei löffelweise in die Eiswürfelbehälter und schiebe den (eventuell vorhandenen) Deckel dar-

über. Umwickle den Behälter mit einem Gefrierbeutel und verschließe ihn gut. Dann lege ihn direkt, ohne dass der Brei zuvor abgekühlt ist, waagerecht ins Gefrierfach. Das Fach muss für die Lagerung von Babybrei eine Temperatur von mindestens -18 °C vorweisen. Später, wenn dein Kind größere Portionen isst, kannst du den Brei gut in kleine luftdichte Tupperdosen füllen und einfrieren.
Haltbarkeit: *ca. zwei Monate*

Lagerung in Gläschen
Zum Einkochen eignen sich neben speziellen Einkochgläsern auch alte Marmeladengläser oder Babybreigläser. Viele Eltern werden dir ob der Berge an Breigläschen gerne einige davon abgeben. Die Gläser müssen gut gereinigt werden. Danach werden sie mit kochendem Wasser bis zur Hälfte gefüllt und mit den Deckeln verschlossen. Nun die Gläser mit einem Topflappen in die Hand nehmen und gut schütteln. Die Gläser wieder öffnen, das Wasser ausschütten (Vorsicht heiß!) und die Gläser und Deckel auf eine saubere Unterlage legen. Daraufhin kann der Brei eingefüllt werden. Danach werden die Deckel schnell fest verschlossen und die Gläser zum Abkühlen auf den Kopf gestellt. Die Breigläser solltest du an einem dunklen und kühlen Ort lagern.
Haltbarkeit: *ca. ein Monat*

Lagerung im Kühlschrank
Brei kann auch in kleineren Mengen im Kühlschrank gelagert werden. Dazu den Brei einfach in kleine Tupperdosen oder Gläser füllen.
Haltbarkeit: *Zwei bis drei Tage*

Wichtig:
Die Haltbarkeit des Breis solltest du unbedingt vor jedem Essen überprüfen, egal ob eingefroren, eingekocht oder aus dem Kühlschrank. Einmal erwärmter Brei kann nicht wieder verwendet werden, da sich Keime im Brei sehr schnell vermehren.

Die Breimahlzeit zubereiten und essen

Bei eingefrorenem Brei empfiehlt es sich, ihn für die Mittagsmahlzeit schon morgens nach dem Aufstehen in den Kühlschrank umzulagern, damit er antauen kann. Den Nachmittagsbrei kannst du dann entsprechend mittags aus dem Gefrierfach holen.
Der Brei kann direkt in einem Topf oder im Gläschen im Wasserbad langsam unter Rühren erwärmt werden (nicht kochen!).
Gib den Brei nun in eine Breischale oder serviere ihn direkt im Glas. Rühre einen Teelöffel mildes, raffiniertes Öl unter und mische je nach gewähltem Breirezept noch Getreideflocken/Getreidebrei bei.
Zum Überprüfen der Temperatur kannst du einen Klecks Brei auf die Handgelenksinnenseite geben und nachfühlen, ob der Brei zu heiß oder zu kalt ist. Die richtige Temperatur ist erreicht, wenn du fast gar nichts spürst, denn dann hat der Brei ungefähr Körpertemperatur. Es gibt aber auch durchaus Kinder die ihre eigene Lieblingstemperatur haben, den Brei zum Beispiel ein bisschen kälter oder sogar ganz kalt am liebsten mögen. Wenn du also merkst, dass der Brei von deinem Kind nicht angenommen wird, lohnt sich der Versuch, denselben Brei etwas wärmer oder kälter anzubieten. Dein Kind wird dir zeigen, wann die richtige Temperatur erreicht ist, was sich aber durchaus immer wieder

verändern kann.

Nun steht der Brei bereit. Und dann? Eine Möglichkeit ist es, den Brei auf einem weichen Löffel zum Mund deines Kindes zu führen. Harte Löffel können unter Umständen unangenehm sein und dazu führen, dass dein Kind den Brei verweigert. Dabei ist es schön, wenn ein enger Kontakt zwischen dir und deinem Kind besteht, du es also auf dem Schoß fütterst. Warte immer, bis sich der Mund deines Kindes von selbst öffnet. Sollte dies nicht der Fall sein, hilft es eventuell, vorsichtig ein wenig Brei auf die Lippen zu streichen, damit es beim Ablecken auf den Geschmack kommt. Öffnet sich der Mund immer noch nicht, so akzeptiere dies und versuche es zu einem anderen Zeitpunkt noch einmal. Bei großem Hunger kann es Sinn machen, vor der Breimahlzeit ein wenig Mutter- oder Säuglingsmilch anzubieten, damit dein Kind den Brei besser genießen kann. Wenn es schon selbst sitzen kann, ist ein Hochstuhl, an den du dich nah heran setzt, gut geeignet. Der Hochstuhl kann dann auch direkt am Esstisch stehen und somit ein gemeinsames Essen ermöglichen. Eltern lernen dabei schnell die Beidhändigkeit, linke Hand geht in den eigenen, rechte Hand in den Mund des Kindes, oder essen eine Zeit lang kalte Speisen. Vielen Kindern macht es Freude wenn sie selbst zum Löffel greifen und selbstständig essen dürfen. Dabei wird zu Beginn viel Brei in anderen Gesichts- und Körperregionen landen und auch Tisch und Boden werden strapaziert. Wer aber einmal miterlebt hat, wie viel Spaß ein kleines Kind daran hat, eigenständig zu essen, wird darüber hinwegsehen. Zudem hat es auch den Vorteil, dass dein Kind schnell lernt, wie es mit Besteck umzugehen hat und du deine Mahlzeit wieder in warmem Zustand und in Ruhe verspeisen kannst.

Tipp

Falls dein Kind kein großer Gemüsefan zu sein scheint und es lieber etwas süßer mag: einfach einen Esslöffel Obstbrei unter den Gemüsebrei mengen!

Trinken

Mit dem Start der Beikost stellt sich die Frage wie viel ein Kind trinken soll. Vorher wurde der Flüssigkeitsbedarf durch Muttermilch oder Fläschchen gedeckt. Nur bei starker Hitze und dadurch bedingtem Schwitzen, oder Erkrankungen wie Durchfall und Erbrechen, muss auch bei gestillten Kindern auf eine erweiterte Flüssigkeitszufuhr geachtet werden.

Ab Beginn der Beikost kann vor, während oder nach dem Essen ein Glas Wasser ohne Kohlensäure angeboten werden. So kann dein Kind zum einen lernen wie du aus einem Glas zu trinken, und zum anderen seinen Durst stillen. Kinder im ersten Lebensjahr benötigen ca. 750 ml, ab dem zweiten Lebensjahr ungefähr einen Liter Flüssigkeit pro Tag. Sinnvolle Getränke sind vor allem natriumarmes, calciumreiches, stilles oder kohlensäurearmes Mineralwasser, in Maßen auch verdünnte Fruchtsäfte und ungesüßte Tees. Im Herbst und Winter mögen Kinder gerne warme Tees, im Sommer tut es gut, diese auch gekühlt als Eistee zu genießen.

Auch beim Thema Trinken ist es ratsam, auf das kindliche Gespür für die Bedürfnisse des eigenen Körpers zu vertrauen. Es ergibt aber Sinn, zu jeder Mahlzeit etwas zu Trinken anzubieten, bei Ausflügen immer eine Flasche Wasser parat zu haben und regelmäßig anzubieten, und auch zuhause die Getränke zugänglich zu lagern. Kinder ab ungefähr zweieinhalb Jahren haben Spaß daran das Einschütten zu lernen und können so ihren Durst nach eigenen Bedürfnissen stillen.

Gemüsebrei und Obstbrei

Möhrenbrei

Beikoststart

Du brauchst:
2 Möhren
Ca. 250 ml Wasser (bis die Möhren mit Wasser bedeckt sind)
1 TL Öl
Ggf. etwas Gemüsebrühe

1. Die Möhren waschen und in kleine Stücke schneiden.
2. Danach in einem Topf mit Wasser (bei älteren Kindern kann auch ein halber Teelöffel Gemüsebrühe eingerührt werden) köcheln lassen, bis die Möhren weich sind. Das wird ca. 10 Minuten dauern.
3. Nun die Möhren mit etwas Sud in eine Schüssel geben und pürieren. Je nach gewünschter Konsistenz einfach noch etwas Sud hinzugeben und nochmals pürieren.
4. Zum Schluss das Öl unterrühren. Fertig!

Statt Möhren können auch Zucchini, Pastinaken, Kohlrabi, Kürbis und andere Gemüsesorten verwendet werden.

Die folgenden Breivariationen werden wie der Möhrenbrei zubereitet. Sie sollen als Anregung dienen, welche Möglichkeiten es für den Gemüse- und Obstbrei gibt. Finde am besten selbst heraus, welche Obst- und Gemüsekombinationen dein Kind am liebsten mag. Dem Brei können jeweils noch 2 EL Getreideflocken, z.B. Hirse- oder Haferflocken, untergemischt werden, um den Eisengehalt der Mahlzeiten zu gewährleisten. Dann ist es sinnvoll, einen Esslöffel Obstbrei oder Obstsaft unterzumischen, um die Eisenaufnahme zu optimieren. Für den Beikoststart ist Brei mit einzelnen Gemüsesorten zu empfehlen, also Möhre pur, Kürbis pur, Pastinake pur usw.. Nach und nach kannst du dann die Gemüsesorten mischen und den Brei mit Getreide anreichern. Dasselbe gilt auch für den Obstbrei. Kinder im ersten Lebensjahr benötigen beim Brei nicht viel Abwechslung. Du kannst getrost längere Zeit bei einer Zubereitung bleiben wenn es deinem Kind schmeckt.

Variationen für Kinder die schon länger pure Breisorten verzehrt haben sind:

- **Gemüseallerlei**
  2 Möhren, 1 Zucchini, 1 geschälte Tomate, 1 EL Mais, 1 TL Öl
- **Kohlrabi-Kartoffelbrei**
- **Möhre-Kartoffel-Hirsebrei**
  2 Möhren, 1 Kartoffel, 2 EL Hirseflocken, 1 TL Öl

- **Kürbis-Apfelbrei**
- **Birnenbrei**
- **Bananen-Apfelbrei**
- **Obstallerlei**
  1 Apfel, 1 Birne, ¼ Banane, 5 Beeren (z.B. Heidelbeeren)
- **Pfirsich-Aprikosenbrei**

Getreidebrei und Pflanzenmilchbrei

Für die Zubereitung eines Getreidebreis bieten sich verschiedene Getreideflocken an, welche du sowohl im Bioladen als auch im gut sortierten Drogeriemarkt findest. Es stehen zum Beispiel Hirsebrei, Reisschleim, Grieß, Mehrkornbrei und Haferschmelzflocken zur Verfügung, aus denen du mit Wasser oder pflanzlicher Milch einen leckeren Getreidebrei anrühren kannst. Getreidebrei liefert wertvolle Nährstoffe wie z.B. Eisen und kann auf vielfältige Weise zubereitet werden. Getreidebrei kann pur, vermengt mit Obst- und Gemüsebrei und als Pflanzenmilchbrei gegessen werden. Leckere Kombinationen sind z.B.:

- **Hirse-Bananenbrei mit 1 TL Mandelmus**
- **Hafer-Apfelbrei**
- **Möhren-Apfel-Hirsebrei**
- **Mehrkornbrei mit Heidelbeeren**

Pflanzenmilchbrei kann mit verschiedenen Sorten pflanzlicher Milch zubereitet werden. Es gibt z.B. neben Sojamilch noch Hafermilch, Dinkelmilch, Reismilch und Mandelmilch. Im ersten Lebensjahr empfiehlt sich eine sojabasierte Säuglingsnahrung als Grundlage des Breis. Je nach Geschmack kann ein Esslöffel Mandelmus oder Obstbrei zugefügt werden. Mandelmus ist zum Beispiel ein guter Calciumlieferant und Obstbrei liefert das Vitamin C, um das Eisen aus dem Getreide besser aufnehmen zu können. Sinnig für die optimale Nährstoffaufnahme ist es, Pflanzenmilchbrei mit Nussmus und wasserbasierten Getreidebrei mit Obstbrei zu kombinieren.

Die Breiarten können untereinander auf verschiedenste Art zusammengestellt werden, sodass sich Varianten für alle Mahlzeiten ergeben.

Ein klassischer Plan für die schrittweise Einführung von Breimahlzeiten ist:

1. Mittags: Still- oder Flaschenmahlzeit nach und nach durch Gemüsebrei ersetzen.
2. Abends: Pflanzenmilch-Getreide-Brei einführen.
3. Nachmittags: Getreide-Obst-Brei ersetzt Mutter- oder Pflanzenmilchmahlzeit.
4. Vormittags: Getreide-Obst-Brei einführen.

Nach und nach werden also die Still- oder Flaschenmahlzeiten durch Brei ersetzt. Bis eine Breimahlzeit komplett allein ausreicht, wird es vielleicht eine Weile dauern. In der Zeit kann dein Kind den Brei nach Belieben probieren und danach von dir die gewohnte Milch erhalten.

Übergang von Brei zu fester Kost

Der Übergang von Brei zu festerem Essen findet meist fließend statt. Vielleicht möchte dein Kind gerne Stücke deines Gerichtes probieren, es mag seinen Brei nicht mehr, kaut gerne und intensiv auf Gegenständen herum. Es wird dir signalisieren, wann es bereit ist, etwas Anderes zu essen. Ab einem Alter von sechs bis acht Monaten beginnen Kinder damit kauen zu lernen, und können eventuell auch schon größere Stücke einspeicheln, kauen und schlucken. Vielleicht hat es auch schon einige Zähne, die ihm dabei behilflich sein können und dringend ausprobiert werden müssen. Der Brei kann also langsam stückiger werden, es können kleine Gemüse- und Obststücke im Brei belassen werden, es reicht eventuell aus, das Gemüse nur noch mit einer Gabel zu zerdrücken. Auch kannst du deinem Kind z.B. Gurkenstücke, Bananen, Birnen oder Getreidestangen anbieten, an denen es Beißen und Kauen üben kann. Harte Gemüse- und Obstsorten wie Äpfel und Möhren sind für kleine Kinder roh noch nicht geeignet, da sie sich daran leicht verschlucken können. Nach und nach wird die Nahrung fester, bis sie dann fließend in die Gerichte des Familientischs übergeht.

Von diesem Zeitpunkt an wird die Vielfalt der Lebensmittel größer, da dein Kind auf Entdeckungsreise durch die Geschmäcker geht. Es macht deshalb Sinn, einen gewissen Schatz Nahrungsmittel zuhause zur Hand zu haben.

- Obst und Gemüse der Saison (z. B. als Rohkost anbieten oder zum Kochen verwenden)
- Getreideflocken und Müsli (Haferflocken, Mehrkornflocken, Schmelzflocken)
- Verschiedene Mehlsorten (Weizen-, Dinkel, Roggenmehl als helles und Vollkornmehl und Paniermehl)
- Backpulver und Hefe (frische und trockene)
- Zucker und alternative Süßungsmittel (Dicksäfte etc.)
- Trockenfrüchte (Rosinen, Aprikosen, Cranberries)
- Hülsenfrüchte (Linsen, Erbsen)
- Pseudogetreide (Hirse, Quinoa, Amaranth, Buchweizen)
- Nudeln und Reis
- Nüsse (Walnüsse, Haselnüsse, Mandeln ganz und gemahlen), Cashewkerne und Erdnüsse
- Saaten und Kerne (Sesam, Mohn, Sonnenblumenkerne, Kürbiskerne)
- Nussmus (Mandel-, Haselnuss-, Erdnussmus) und Tahin (Sesammus)
- Öle (Sonnenblumenöl, Rapsöl, Leinöl, Nussöl, Olivenöl)
- calciumhaltige Pflanzenmilchsorten (Soja-, Reis-, Hafermilch) und Cuisine
- Gewürze (Gemüsebrühe, Salz, Pfeffer, Paprika edelsüß, Hefeflocken)
- Kräuter (Schnittlauch, Petersilie)

Rezepte

Allgemeines zu den Rezepten

Im Rezeptteil findest du eine vielseitige Auswahl von Gerichten für Kinder verschiedenen Alters. Die Altersangabe soll eine grobe Orientierung bieten, kindliche Entwicklungen verlaufen aber individuell. Faktoren wie die Ausbildung des Gebisses und das allgemeine Interesse am Essen können stark variieren. Du kennst dein Kind am besten und wirst selbst einschätzen können, wann du die Rezepte für angemessen hältst. Allgemein formuliert, kann ab dem ersten Geburtstag fast alles probiert werden.
Die Rezepte sind generell für eine erwachsene Person und ein Kind portioniert. Auch hier wird es auf Alter und Appetit ankommen, sodass die Angabe entsprechend abweichen kann.

1,5 Jahre

Salz, Zwiebeln und Gewürze

Es ist empfehlenswert, Salz im ersten Lebensjahr komplett zu meiden bzw. in sehr geringen Mengen einzusetzen, da Salz die Nieren belastet und dem Körper wichtige Flüssigkeit entzieht. Nach dem ersten Geburtstag kann es sparsam zum Einsatz kommen. Auch der Genuss von Zwiebeln ist für kleine Kinder nicht empfehlenswert. Lass die Zwiebeln einfach weg oder verringere die Menge. Gewürze kannst du ab dem ersten Lebensjahr dosiert einsetzen, pass die Rezepte nach Bedarf an. Neben frischen Kräutern und Gewürzen, welche besonders aromatisch sind, können auch tiefgekühlte oder getrocknete Produkte verwendet werden.

Mehl und Gluten

Wenn in den Rezepten die Zutat Mehl angegeben ist, handelt es sich um helles Weizenmehl. Andere Mehlsorten sind direkt in der Zutatenliste aufgeführt. Wenn du die Speisen mit Vollkornmehl anreichern möchtest, muss die Flüssigkeitsmenge entsprechend erhöht werden, da Vollkornmehl stärker quillt. Weizenmehl kann bei Bedarf durch glutenfreies Mehl, z.B. Buchweizen-, Braunhirse- oder Maismehl ersetzt werden. Diese Mehlsorten besitzen durch das Fehlen des Klebers Gluten allerdings deutlich andere Backeigenschaften, sodass etwas Experimentierfreude vonnöten ist. Erhältlich sind aber auch spezielle glutenfreie Mehlmischungen, welche sich ähnlich verarbeiten lassen wie glutenhaltiges Mehl. Gewöhnliche Nudeln werden meist aus Hartweizen oder anderem glutenhaltigen Getreide hergestellt. Glutenfreie Nudeln aus Buchweizen, Hirse und Co gibt es im Bioladen, Reformhaus und gut sortierten Supermarkt. Als genereller Ersatz für Nudeln bieten sich auch Pseudogetreide wie Quinoa, Amaranth und Hirse an, welche zudem noch wertvolle Nährstoffe wie Eisen, Magnesium und Calcium beinhalten.

Soja, Pflanzenmilch und Cuisine

Zu Sojaprodukten gibt es einige Alternativen, welche im Folgenden vorgestellt werden sollen. Sojamilch kann durch Reis-, Hafer-, Dinkel-, Hirse- und Mandelmilch ersetzt werden. Bei den Pflanzenmilcharten ist jedoch zu beachten, dass diese verschiedene Konsistenzen, Back- und Kocheigenschaften haben. Gerade bei süßem Gebäck kann es deshalb sinnvoll sein, Soja- oder Hafermilch zu verwenden, da diese bindende Eigenschaften besitzen. Du probierst am besten selbst, für welche Gerichte die verschiedenen Pflanzenmilcharten in Frage kommen. Tofu besteht ebenfalls aus Sojabohnen. Alternativ kannst du zum Beispiel Seitan (hoher Glutengehalt) oder Lupinenprodukte verwenden, welche ähnlich wie Tofu zubereitet werden. Cuisine meint eine ungesüßte pflanzliche Creme, welche auf Basis von Soja, Reis, Dinkel und Hafer erhältlich ist. Du kannst Cuisine auch ohne großen Aufwand selbst herstellen:

Cashewcreme

1 Jahr

Du brauchst:
3 EL Cashewkerne
100 ml Wasser
1 EL neutrales Öl

1. Die Cashewkerne über Nacht einweichen und dann mitsamt dem Wasser pürieren bis eine sämige Cashewcreme entsteht.
2. Zum Schluß Öl hinzugeben und nochmals pürieren.

Aus der Cashecreme lässt sich auch im Handumdrehen ein leckerer **pflanzlicher Käse** für Saucen und zum Überbacken zaubern: ¼ TL Salz und 1 TL Hefeflocken in die Cashewcreme einrühren. Unter Rühren in einem Topf aufkochen, die Herdplatte ausstellen und weiterrührend bis zur gewünschten Konsistenz eindicken lassen. Für Pizzen ist es sinnvoll, die doppelte Menge Cashewcreme und dementsprechende Menge an Gewürzen zu verwenden.

Hafercreme

1 Jahr

Du brauchst:
3 EL feine Haferflocken
100 ml Wasser
1 EL neutrales Öl

1. Haferflocken in das Wasser geben und gut pürieren.
2. Küchensieb auf eine entsprechende Schüssel legen und die Hafercreme abseihen.
3. Zum Schluss Öl hinzugeben und nochmals kurz mixen. Fertig ist die Hafercreme!

Die abgetropften Haferflockenreste die sich nun im Sieb befinden kannst du mit 50 ml Hafer- oder anderer Pflanzenmilch zu einem leckeren Brei verarbeiten. Dafür Haferflocken mit Hafermilch in einem Topf vermengen und unter Rühren kurz aufkochen. Herdplatte ausstellen und weiterrührend bis zur gewünschten Konsistenz eindicken lassen. Je nach Geschmack kannst du dem Haferbrei noch 1 EL Mandelmus zugeben und dazu Fruchtkompott servieren.

Pflanzenmilch, Tofu und Cuisine findest du in gut sortierten Supermärkten, im Bioladen oder im Reformhaus.

Zucker und alternative Süßungsmittel

Die Zubereitungen, in denen Zucker eingesetzt wird, können für kleinere Kinder modifiziert werden. Reduziere einfach die Zuckermenge oder lass sie bei Kindern unter einem Jahr ganz weg. Hefeteige gehen mit einer geringen Menge Zucker schön auf, wer dabei auf Zucker verzichten möchte, hat die Möglichkeit, den Teig etwas länger gehen zu lassen. Die Zuckerangabe bezieht sich stets auf Rohrohrzucker. Im Folgenden werden mögliche Zuckeralternativen und deren Dosierung näher erläutert.

Agaven- und andere Dicksäfte
Dicksäfte werden zum Beispiel aus Agaven, Äpfeln oder Birnen hergestellt. Apfel- und Birnendicksaft haben einen stärkeren Eigengeschmack als Agavendicksaft. Letztgenannter besitzt eine wesentlich stärkere Süßkraft als Zucker und sollte deshalb etwas sparsamer verwendet werden. Vom Agavendicksaft benötigst du nur etwa 2/3 der angegebenen Zuckermenge. Als Beispiel werden 90 g Zucker durch 60 g Agavendicksaft ersetzt. Da Dicksäfte flüssig sind, muss eventuell andere Flüssigkeit wie Pflanzenmilch in Backrezepten reduziert werden. Dicksäfte sind im Bioladen, Reformhaus, gut sortierten Drogerie- und Supermärkten erhältlich.

Trockenfrüchte
Rosinen oder andere Trockenfrüchte sind ebenfalls gut als Süßungsmittel geeignet und liefern dazu noch wertvolle Nährstoffe. Weiche die Trockenfrüchte mindestens eine Stunde in Wasser ein, sie sollten dabei nur leicht mit Wasser bedeckt sein. Eine gute Menge ergibt sich aus 2 EL Trockenfrüchten auf 100 ml Wasser. Vor der Verwendung kannst du sie fein pürieren und als Zuckerersatz nutzen oder auch nur das Einweichwasser als Süßstoff beimischen. Die angegebene Flüssigkeitsmenge der Backrezepte muss dann um 100 ml reduziert werden.

Banane und Fruchtmus
Eine weitere Möglichkeit, Zucker zu ersetzen, ist es, zerdrückte Bananen oder ein paar Esslöffel Fruchtmus zu verwenden. Bananen haben einen starken Eigengeschmack und können gut zum Backen verwendet werden. Fruchtmus oder -mark geben Gebäck eine fruchtige Note, ggf. muss die Flüssigkeitsmenge des Teiges etwas reduziert werden.

Inulin und Oligofructose
Dabei handelt es sich um Ballaststoffe, welche einen positiven Effekt auf die Darmflora haben. Durch einen regelmäßigen, dosierten Verzehr kann dadurch sogar die Calciumaufnahme verbessert werden, sodass es sinnvoll ist, diese Süßungsmittel in Verbindung mit calciumreichen Lebensmitteln zu verwenden. Bei übermäßigem Verzehr kann es allerdings zu Blähungen kommen, sodass erst einmal eine geringe Dosierung auf Verträglichkeit getestet werden sollte. Entweder ersetzt du 10% der Mehlmenge bei Backwaren durch Inulin oder Oligofruktose oder die gesamte angegebene Zuckermenge und erhöhst dementsprechend die Flüssigkeit, da der Ballaststoff quillt. Inulin und Oligofructose besitzen eine leichte Süßkraft und sind im gut sortierten Reformhaus und in Apotheken erhältlich.

Neben den hier aufgeführten Produkten gibt es noch Weitere wie Xucker (Xylit), Sukrin, Sirup, Reissiruppulver und Vieles mehr. Bei Bedarf kannst du also immer wieder nach Zuckeralternativen Ausschau halten und damit experimentieren. Im Rezeptteil findest du bei einigen Zubereitungen konkrete Ideen zu Zuckeralternativen.

Öl

In vielen Rezepten wirst du die Zutat Öl finden. Es gibt eine Vielzahl Ölsorten, welche sich geschmacklich erheblich unterscheiden. Für herzhafte Gerichte kannst du gut Rapsöl, Leinöl oder Sonnenblumenöl verwenden. Nussöle, Sesamöl oder Olivenöl geben Salaten einen leckeren Geschmack. Für Backwaren oder Pfannkuchen sind neutrale Öle wie Sonnenblumenöl oder Distelöl zu empfehlen. Herzhaftes Gebäck kann durch Nussöl, Sesamöl oder Weizenkeimöl aber auch an Geschmack gewinnen.

Öle enthalten wertvolle Vitamine und essentielle Fettsäuren, welche bei zu starker Erhitzung verloren gehen. Es ergibt also Sinn, dem gekochten Essen zum Abschluss noch etwas unerhitztes Öl beizufügen oder die Temperatur beim Braten und Kochen mit Öl eher niedrig zu halten.

Die Zeitangabe, welche du bei jedem Rezept findest, hilft dir bei der Planung, sodass das Kochen und Backen organisiert und entspannt ablaufen kann.

Zu den einzelnen Rezepten sind die Hauptzutaten als Zeichnungen zu sehen. Dein Kind kann dadurch erfahren, woraus das Essen zubereitet wird, und einige Obst- und Gemüsesorten, Nüsse und Getreide kennenlernen. Auch kannst du kleine Aufträge erteilen, z.B. "Kennst du diese Frucht? Das ist ein Apfel. Schau doch mal ob du hier in der Küche einen findest und bring ihn mir". Dadurch wird dein Kind mit in den Koch- oder Backprozess einbezogen. Wenn ihr vorher zusammen für das Gericht einkaufen geht, macht es Spaß, sich die benötigten Zutaten zuhause anzusehen und dann im Laden zu suchen. Auf dem Wimmelbild in der Mitte des Buches sind noch einmal alle Zeichnungen sichtbar und es versteckt sich noch eine kleine Überraschung darin. Kochen ist ein kreativer Prozess. Du wirst Rezepte nachkochen, nach den Bedürfnissen deines Kindes abwandeln und eigene Kreationen schaffen. Vielleicht gelingt ein Gericht auch nicht auf Anhieb und du versuchst es ein weiteres Mal mit Erfolg. Lass deinen kleinen Entdecker einfach nach seinem Geschmack, Appetit und Tempo probieren. Viel Spaß dabei!

Fingerfood

Dein Kind will partout nicht den Mund öffnen, wenn du ihm den Breilöffel zeigst? Dein Kind spuckt den Brei wieder aus und verzieht angeekelt das Gesicht? Es schiebt vehement die Breischüssel von sich? Dann solltest du es einmal mit Fingerfood versuchen! Gedünstetes Gemüse, Obst- und Gemüseschnitze, Getreidestangen, Reis- und Hirsewaffeln, Hirsebällchen oder Zwieback könnten eventuell besser munden. Einen Versuch ist es allemal wert.

Fingerfood kann darüber hinaus auch als leckere Zwischenmahlzeit dienen, welche gerade in Zeiten unerlässlich ist, in denen dein Kind wieder wachsen und am liebsten rund um die Uhr essen möchte. Auch als Pausensnack für Kindergarten und Schule sind die folgenden Rezepte zu empfehlen. Ergänzt werden können sie durch Obst und für ältere Kinder auch Nussmischungen und Trockenobst. Auch kleine Spieße sind bei älteren Kindern als Fingerfood sehr beliebt. Du kannst z.B. einfach ein Stück Gurke, eine Weintraube, Tofu oder Pflanzenkäse in kleine Stücke schneiden, aufspießen und schlemmen! Fingerfood in Form einer Obst-/Gemüseplatte kann auch gut die täglichen Mahlzeiten bereichern, also zusätzlich zum Frühstück- Mittag- oder Abendessen gereicht werden.

Dinkelstangen zum Knabbern

Ergibt ca. 20 Gebäckstangen

9 Monate / 1 Jahr — 45

Du brauchst

125 g Dinkelvollkornmehl

125 g Dinkelmehl

½ P Trockenhefe

1 TL Zucker

1 TL Kräutersalz

125 ml lauwarmes Wasser

3 EL Öl

Für ältere Kinder: Sesam

Zubereitung

1. Mehl und Salz in einer Rührschüssel vermengen. Eine Kuhle darin formen, Trockenhefe, Zucker und lauwarmes Wasser hineingeben und kurz ruhen lassen. Daraufhin Öl hinzugeben und zu einem glatten Teig kneten. Den Teig 15 Minuten mit einem Tuch abgedeckt an einem warmen Ort ruhen lassen.

2. Den Backofen auf 200 °C vorheizen.

3. Aus dem Teig kleine Kugeln formen, diese zu Stangen ausrollen. Dann ggf. in Sesam wälzen und ca. 15-20 Minuten backen, bis die Gebäckstangen eine braune Farbe haben.

Tipp

Sesam, andere Saaten oder Sonnenblumenkerne können auch direkt in den Teig eingearbeitet werden. Je dünner die Stangen ausgerollt werden, desto knuspriger werden sie! Zu beachten ist, dass Saaten und Kerne für kleinere Kinder noch schwer verdaulich sind und lieber weggelassen werden sollten.

Gemüseplatte

Zum Lutschen und Kauen für die Kleinsten

Beikoststart

Du brauchst

1 Möhre

½ Zucchini

½ Pastinake

Zubereitung

1. Das Gemüse schälen, in kleine Stangen schneiden und in etwas Wasser dünsten bis es weich ist.

Rohkostschnitze mit Dip

9 Monate/1 Jahr

Du brauchst

1 Möhre

½ rote Paprika

½ Kohlrabi

¼ Gurke

Und für den Dip:

1 Avocado

2 EL Cuisine oder ungesüßte Pflanzenmilch

1 TL Schnittlauch

½ TL Kräutersalz

Zubereitung

1. Die Rohkost in kleine handliche Stangen schneiden.

2. Die Avocado mit einer Gabel fein zerdrücken und Cuisine oder Pflanzenmilch unterrühren. Danach mit Kräutersalz und Schnittlauch abschmecken.

Tipp

Für die Kleinsten kann als Dip eine zerdrückte Avocado pur angeboten werden.

Ausstech-Tofu

 *1 Jahr* 45

Du brauchst

1 Block Tofu (175 g)

1 EL Gemüsebrühe

300 ml Wasser

1 TL Sojasauce

Öl

(eventuell Sesam)

Zubereitung

1. Tofu längs in 1 cm breite Scheiben schneiden und mit Ausstechformen ausstechen.

2. In einer kleinen Schüssel eine Marinade aus Gemüsebrühe, Wasser und Sojasauce anrühren und den Tofu eine halbe Stunde darin ziehen lassen.

3. Nach Wunsch noch in etwas Sesam wälzen, dann in einer Pfanne mit etwas Öl leicht anbraten.

Kartoffelecken

1 Jahr

Du brauchst

5 Kartoffeln

2 EL Öl

1 Prise Salz

Zubereitung

1. Die Kartoffeln abwaschen und zu Ecken schneiden.

2. Öl und Salz in eine Schüssel geben und die Kartoffelecken darin wenden.

3. Danach bei 180 °C im Backofen ca. 20 Minuten knusprig braun backen.

Tipp

Mit frischen Kräutern schmecken die Kartoffelecken noch viel besser, und dein Kind bekommt eine Extraportion Vitamine. Kresse können auch kleine Kinder schon selbst züchten. Dazu einfach einen kleinen Blumentopf mit Watte füllen, Samen aussähen, täglich einmal gießen. Das macht deinem Kind bestimmt Spaß und wenn seine „Pflanzen" groß genug sind, können sie beim Essen auf dem Tisch stehen, gepflückt und über das Essen gestreut werden!

Salate

Möhren-Apfelsalat

1 Jahr

Du brauchst

2 Möhren

einen kleinen Apfel

1 EL Rosinen

Für das Dressing:

1 EL Wasser

1 EL Öl

½ TL Zucker

½ TL Zitronensaft

1 Prise Salz

Zubereitung

1. Die Möhren und den Apfel bei größeren Kindern grob, bei kleinen Kindern fein raspeln und die Rosinen unterrühren.

2. Wasser, Öl und Zitronensaft vermengen, Zucker unterrühren, mit etwas Salz abschmecken und über den Salat geben.

Tomaten-Gurken-Tofusalat

1 Jahr

Du brauchst

2 Scheiben Räuchertofu (1 cm dick)

1 Tomate

¼ Gurke

Für das Dressing:

2 EL Sojajoghurt

1 TL Öl

Salz

Kräuter

Zubereitung

1. Tofu, Tomate und Gurke in kleine Würfel schneiden und verrühren.

2. Sojajoghurt mit Öl vermengen und nach Belieben mit Salz und Kräutern abschmecken.

3. Alles zusammenmischen und genießen!

Tipp

Der Salat kann noch mit Feld- oder anderem Blattsalat angereichert werden.

Nudelsalat

1 Jahr

Du brauchst

125 g Nudeln

5 Cocktailtomaten

¼ Gurke

2 EL Mais

½ Block Tofu (80 g)

Für das Dressing:

3 EL Cuisine

½ EL Öl

½ TL Salz

Kräuter

Zubereitung

1. Die Nudeln in leicht gesalzenem Wasser kochen, abgießen und mit kaltem Wasser abschrecken.

2. In der Zeit das Gemüse in mundgerechte Stücke schneiden und den Tofu fein hacken.

3. Cuisine mit Öl vermengen und Salz und Kräuter unterrühren.

4. Alle Zutaten in einer großen Schüssel vermischen und fertig!

Tipp

Der Nudelsalat schmeckt noch besser, wenn er einen Tag durchziehen kann. Am nächsten Tag muss dann eventuell noch etwas Flüssigkeit und Würze hinzugefügt werden.

Reissalat

1 Jahr

Du brauchst

10 EL Reis

3 EL tiefgekühlte Erbsen

1 EL Mais

1 TL Gemüsebrühe

750 ml Wasser

1 EL Öl

Für das Dressing:

1 kleine Zwiebel

5 EL Sojajoghurt

½ TL Salz

1 Prise Pfeffer

2 EL Öl

Spritzer Zitronensaft

Schnittlauch

Zubereitung

1. Reis in 750 ml Wasser mit Gemüsebrühe gar kochen und abkühlen lassen.

2. Sojajoghurt, Öl und Zitronensaft mischen und mit Zwiebel, Salz, Pfeffer und Schnittlauch abschmecken.

3. Dressing unter den Reis mengen und Erbsen sowie Mais hinzufügen.

Tipp

Schmeckt auch lecker wenn zusätzlich Spargelstücke verwendet werden!

Suppen

Eine dampfende, wohlriechende Suppe lässt schon beim Anblick das Wasser im Mund zusammenlaufen, schafft eine gemütliche Atmosphäre und wärmt wohlig von innen. Gerade in der kalten Jahreszeit sind Suppen beliebt, da sie den Körper durchwärmen und stärken. Auch zum Ausklang eines Tages kann eine Suppe Wunder wirken und ein Kind in Schlummerstimmung versetzen.

Je nach Alter kannst du bei den Suppen eine kleine Zwiebel in Öl anschwitzen, bevor du die anderen Zutaten hinzufügst. Damit werden die Suppen etwas würziger. Die Suppen nach diesen Rezepten zubereitet sind meist eher dickflüssig, da es Kindern aus meiner Erfahrung dann leichter fällt, sie selber zu essen. Wer es also etwas dünnflüssiger mag: einfach die Wassermenge erhöhen und bei Bedarf nachwürzen.

Reste der Suppen können gut in kleinen Portionen eingefroren werden. So hast du z.B. ein schnelles Abendessen oder eine Portion zum Auswärtsessen zur Hand.

Tipp

Du kannst den Suppen auch Namen wie „Rote Suppe", „Grüne Suppe", „Gelbe Suppe", „Orangene Suppe" geben. Dadurch kann dein Kind spielerisch und mit allen Sinnen die Farben kennenlernen.

Rote-Bete-Suppe

1 Jahr

Du brauchst

3 Kartoffeln

2 Rote Beten

1 Möhre

500 ml Wasser

1 EL Gemüsebrühe

1 EL Öl

Salz

Zubereitung

1. Rote Bete, Möhre und Kartoffeln schälen und in kleine Stücke schneiden.

2. Die Gemüsebrühe in das Wasser einrühren und in einem Topf zum Kochen bringen.

3. Anschließend das Gemüse hineingeben und ungefähr 20 Minuten köcheln lassen.

4. Pürieren, Öl unterrühren, mit etwas Salz abschmecken und auf einem Teller anrichten.

Brokkolicremesuppe

1 Jahr

Du brauchst

1 Brokkoli

500 ml Wasser

3 EL Cuisine

1 EL Gemüsebrühe

1 EL Öl

Salz

Schnittlauch

Zubereitung

1. Die Gemüsebrühe in das Wasser einrühren und in einem Topf zum Kochen bringen.

2. Brokkoli zerkleinern und in die kochende Gemüsebrühe geben. 10 Minuten köcheln lassen.

3. Daraufhin vom Herd nehmen, fein pürieren und Öl unterrühren.

4. Cuisine hinzugeben und mit etwas Salz und Schnittlauch abschmecken.

Tipp

Vor dem Pürieren einige Brokkoliröschen herausnehmen, den Rest zu einer cremigen Suppe pürieren und die Röschen danach wieder in die Suppe geben.

Zucchinisuppe

1 Jahr

Du brauchst

2 Zucchini

1 kleine Zwiebel

500 ml Wasser

6 EL ungesüßte Pflanzenmilch

1 EL Gemüsebrühe

Öl

Salz

Petersilie, Schnittlauch (ggf. etwas Knoblauch)

Zubereitung

1. Zwiebel und Zucchini würfeln und in etwas Öl in einem Topf anschwitzen.

2. Mit dem Wasser aufgießen, Gemüsebrühe einrühren und 5 Minuten köcheln lassen bis die Zucchini weich geworden sind.

3. Daraufhin den Topf vom Herd nehmen und zu einer cremigen Suppe pürieren.

4. 1 EL Öl und Pflanzenmilch unterrühren und mit etwas Salz sowie frischen Kräutern abschmecken.

Tipp

Die Suppe kann gut mit gekochten Kartoffelstücken ergänzt werden, welche nach dem Pürieren in die Suppe eingerührt werden. Ebenfalls lecker schmeckt es eine Reis- oder Hirsewaffel zu zerkleinern und über die Suppe zu streuen!

Hirsesuppe

1 Jahr

Du brauchst

4 EL Hirse

½ Möhre

¼ gelbe Paprika

3 EL Mais

750 ml Wasser

1 EL Gemüsebrühe

1 EL Öl

Salz

ggf. etwas Schnittlauch

Zubereitung

1. Wasser und Gemüsebrühe vermengen. Hirse, Möhre und Paprika hinzugeben, aufkochen und 10 Minuten köcheln lassen.

2. Die Suppe kurz pürieren und Mais unterrühren.

3. Öl hinzufügen und mit einer Prise Salz abschmecken. Nach Belieben etwas Schnittlauch über die Suppe geben.

Kürbis-Kokos-Suppe

1 Jahr

Du brauchst

1 Hokkaidokürbis (ungefähr 500 g)

1 kleine Zwiebel

400 ml Kokosmilch

50 ml Orangensaft

Öl

Salz

Pfeffer

Zubereitung

1. Den Kürbis waschen und mitsamt der Schale in kleine Stücke schneiden. Die Zwiebel ebenfalls in Stücke schneiden.

2. Beides mit etwas Öl in einem großen Topf andünsten.

3. Die Kokosmilch hinzugeben und ungefähr 15 Minuten köcheln lassen bis der Kürbis weich ist.

4. Anschließend pürieren, den Orangensaft hinzugeben und mit den Gewürzen abschmecken.

Tipp

Die Suppe schmeckt auch lecker, wenn sie mit Curry und einer Prise Zimt verfeinert wird!

Nudelsuppe

1 Jahr

Du brauchst

5 Brokkoliröschen

½ Möhre

4 EL Suppennudeln

500 ml Wasser

1 EL Gemüsebrühe

Zubereitung

1. Die Gemüsebrühe in Wasser einrühren und in einem Topf zum kochen bringen.

2. In der Zeit die Möhre stifteln und den Brokkoli in kleine Röschen schneiden.

3. Das Gemüse und die Nudeln in die kochende Gemüsebrühe geben und 10 Minuten köcheln lassen.

Kartoffelsuppe

9 Monate / 1 Jahr

Du brauchst

5 mittelgroße Kartoffeln

1 Möhre

2 große Tofuwürstchen oder ½ Block Räuchertofu (80 g)

600 ml Wasser

1 EL Gemüsebrühe

1 EL Öl

Salz

Schnittlauch

Zubereitung

1. Kartoffeln und Möhre in kleine Stücke schneiden und mit Wasser und Brühe vermengen.

2. Kurz aufkochen und dann 15-20 Minuten köcheln lassen, bis das Gemüse weich ist.

3. Die Suppe pürieren, Öl unterrühren und mit den Gewürzen abschmecken.

4. Tofuwürstchen oder Räuchertofu in kleine Stücke schneiden, zur Suppe hinzugeben und servieren.

Tipp

Diese Suppe lässt sich auch aus Kartoffelbrei zubereiten. Wenn also Kartoffelbrei beim Essen übrigbleibt: Brei mit Wasser verrühren bis eine cremige Konsistenz entsteht. Mit Gemüsebrühe und Gewürzen abschmecken und Tofuwürstchen hinzufügen. So ist die Suppe sehr schnell zubereitet. Mit ein wenig „Instant-Käsesauce" (gibt es im gut sortierten Veganversand) kannst du der Suppe einen besonders leckeren Geschmack geben!

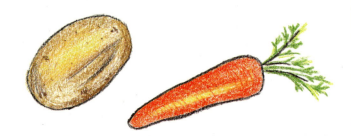

Hauptspeisen

Dein Kind kann nun wie alle Familienmitglieder an den festen Mahlzeiten teilnehmen. Zu Beginn bietet es sich an, Kartoffelbrei oder mit der Gabel zerdrücktes Gemüse anzubieten. Für den Kartoffelbrei kochst du Kartoffeln und stampfst diese mit etwas Pflanzenmilch und Öl zu einem Brei. Als Beilage kannst du für den Anfang zum Beispiel Spinat, Kohlrabi, Möhren und eventuell etwas Tofu reichen. Aus dem Sud des gekochten Gemüses lässt sich leicht eine Sauce zubereiten, indem du etwas Cuisine und Mehl unterrührst. Zu Beginn der Familienmahlzeiten ist es sinnvoll, eine kleine Portion für dein Kind abzunehmen und danach den Rest des Essens nach Belieben zu würzen. Die Kinderportion kannst du die Saucen mit frischen Kräutern abschmecken. Wenn es heranwächst, wird es nach und nach mehr Gerichte ausprobieren und auch Salz und Gewürze können dann sparsam verwendet werden. Viel Spaß beim Kochen, Entdecken und Genießen!

Reis mit Linsen und Rosinen

1 Jahr

Du brauchst

10 EL Reis

4 EL Linsen (am besten mehlig kochende)

2 EL Rosinen

750 ml Wasser

8 EL Cuisine

2 EL Öl

1 TL Gemüsebrühe

Salz

Tipp

Ab einem Alter von etwa drei Jahren, wenn das Gebiss vollständig und die Gefahr des Verschluckens nicht mehr so groß ist, können bei diesem Gericht noch verschiedene gehackte Nüsse untergerührt werden. Walnüsse und Cashews schmecken besonders gut dazu!

Zubereitung

1. Die Linsen ungefähr drei Stunden in kaltem Wasser einweichen (einfach morgens nach dem Aufstehen einweichen, dann sind sie bis zum Mittagessen weich).

2. Öl in einer Pfanne erhitzen und Reis hinzugeben. Leicht anbraten, mit Wasser ablöschen und Gemüsebrühe einrühren. Den Reis etwa 10 Minuten köcheln lassen.

3. Die abgetropften Linsen beigeben und weitere 10 Minuten köcheln lassen.

4. Danach Cuisine und Rosinen unterrühren und weitere 5 Minuten köcheln.

5. Je nach Geschmack mit etwas Salz abschmecken und genießen.

Gefüllte Blätterteigstangen

Du brauchst

1 Packung Blätterteig

Füllung:

100 g gehackter Spinat

½ kleine Zwiebel

1 EL Pflanzenmilch

1 EL Öl

Etwas Salz

Oder als alternative Füllung:

½ Block Tofu (80 g)

½ kleine Zwiebel

3 EL Tomatenmark

1 EL Öl

Etwas Salz

1,5 Jahre

Zubereitung

1. Die Füllungen vorbereiten.

Füllung mit Spinat:

a) Die Zwiebel zerkleinern und den Spinat feinhacken.

b) Zwiebel kurz in einem Topf in Öl anschwitzen, Pflanzenmilch und Spinat hinzugeben.

c) 5 Minuten köcheln lassen und mit etwas Salz abschmecken. Die Füllung darf nicht zu flüssig sein, ggf. etwas Flüssigkeit abschütten.

Tofufüllung:

a) Die Zwiebel in etwas Öl und Tomatenmark anschwitzen.

b) Tofu kurz mit anbraten und mit etwas Salz abschmecken.

2. Den Backofen auf 180 °C vorheizen.

3. Die Füllungen werden nun in den Blätterteig eingerollt und auf ein Backblech gelegt. Im Backofen ca. 10-15 Minuten goldig backen.

Tipp

Besonders lecker schmeckt es auch, wenn etwas Pflanzenkäse in die Füllungen eingerührt wird! Statt Stangen kannst du auch größere Blätterteigtaschen formen.

Kartoffel-Hirse-Puffer

3 Jahre ⏲ 30

Ergibt 8 kleine Puffer

Du brauchst

3 mittelgroße Kartoffeln
5 EL Hirse
125 ml Wasser
½ TL Gemüsebrühe
¼ TL Salz
Öl

Zubereitung

1. Kartoffeln schälen und mit einer Küchenmaschine oder Reibe fein häckseln.

2. Hirse und Wasser in einen kleinen Topf geben und 5 Minuten köcheln lassen, bis das Wasser weg ist. Die Hirse danach nochmals 10 Minuten quellen lassen.

3. Kartoffeln, Hirse und Gewürze in einer Schüssel gut vermengen.

4. Öl in einer Pfanne erhitzen und die Puffer bei mittlerer Temperatur beidseitig backen. Dafür jeweils 1 EL der Masse in die Pfanne geben und mit dem Löffel Puffer formen (Vorsicht: Hirse kann dabei etwas springen, Verbrennungsgefahr). In Form bringen kannst du sie am besten, wenn du die Ränder leicht nach innen schiebst, und den Puffer von oben etwas platt drückst. Wenden kannst du sie, wenn die äußeren Ränder bräunlich werden.

Tipp

Um immer wieder andere Puffer zu backen, kannst du verschiedene Pseudogetreide- und Gemüsesorten verwenden. Gut schmeckt es zum Beispiel wenn geraspelte Möhren und Zucchini hinzukommen. Dann mit Apfelkompott genießen. Lecker!

Linsen-Tofu-Bratlinge

Ergibt 8 Bratlinge

1,5 Jahre
+ Einweichzeit

Du brauchst

3 EL Linsen (Troja- oder Tellerlinsen)

½ Block Tofu (80 g)

½ Möhre

2 EL Haferflocken (schmelzend)

1 EL Stärke

1 EL Tomatenmark

1 EL Hefeflocken

1 TL Gemüsebrühe

Salz

Paprika edelsüß

Öl

Zubereitung

1. Die Linsen in kaltem Wasser mindestens 2 Stunden einweichen.

2. Linsen 5 Minuten in Wasser und Gemüsebrühe köcheln lassen und danach abgießen.

3. Tofu und Möhre fein hacken, mit Linsen, Haferflocken, Stärke, Tomatenmark, Hefeflocken und Brühe in eine Rührschüssel geben und pürieren. Mit Salz und Paprika abschmecken.

4. Bratlingteig kurz abkühlen lassen, Bratlinge formen und mit etwas Öl in einer Pfanne beidseitig anbraten.

Möhren-Aprikosen-Reis

2 Jahre

Du brauchst

10 EL Reis

2 Möhren

2 Getrocknete Aprikosen

8 EL Cuisine

2 EL Öl

Gemüsebrühe

Salz

Currypulver

Zubereitung

1. Öl in einer Pfanne erhitzen und den Reis hinzugeben. Leicht anbraten, mit ausreichend Wasser ablöschen und Gemüsebrühe einrühren. Den Reis etwa 10 Minuten köcheln lassen.

2. Möhren grob raspeln, Aprikosen würfeln. Zum Reis hinzugeben und nochmals 10 Minuten köcheln lassen bis der Reis fertig ist.

3. Cuisine einrühren und das Gericht mit Curry und etwas Salz abschmecken.

Pommes mit Tofuschnitzel

2 Jahre

Du brauchst

Für die Pommes:

5 mittelgroße Kartoffeln

1 EL Öl

½ TL Salz

Für die Tofuschnitzel:

1 Block Tofu (175 g)

2 EL ungesüßte Cornflakes

2 EL Paniermehl

1 EL Weizenmehl

1 TL Hefeflocken

3 EL Wasser

Tipp

Die Pommes können nicht nur aus Kartoffeln gemacht werden. Es eignet sich auch anderes festes Gemüse, wie zum Beispiel Kohlrabi, Möhre, Zucchini oder Kürbis. Auch die Schnitzel kannst du aus Kürbis, Kohlrabi oder Knollensellerie zubereiten. Festere Gemüsesorten sollten kurz vorgegart werden.

Zubereitung

1. Den Backofen auf 180 °C vorheizen.

2. Die Kartoffeln schälen und in Pommesform schneiden. Öl und Salz in einer Schüssel vermengen und die Pommes darin wälzen.

3. Pommes auf einem Backblech ausbreiten und ungefähr 30 Minuten goldgelb backen.

4. Tofu in 1 cm dicke Scheiben schneiden.

5. Mehl und Wasser in einem tiefen Teller gut mischen.

6. Cornflakes zerdrücken, mit Paniermehl und Hefeflocken vermengen und in einen tiefen Teller geben.

7. Tofu zuerst im Mehl-Wasser-Gemisch und dann im Paniermehl-Cornflakes-Gemisch wälzen und in einer Pfanne mit Öl beidseitig anbraten.

Pizzatoretelts

Tipp

Für den Belag kann Gemüse deiner Wahl oder auch Tofuwurstscheiben verwendet werden. Kindern macht es besonders viel Spaß, wenn sie den Teig kneten und ihre Pizza selbst belegen dürfen! Die Torteletts eignen sich gut zum einfrieren, da sie in kleinen Gefrierbeuteln verpackt werden können. Damit hast du wenn es mal schnell gehen soll oder du ein Mitbringessen brauchst, eine „Tiefkühlpizza" zur Hand. Statt Torteletts zu formen, kannst du den Pizzateig auch auf einem Backblech ausrollen und eine große Pizza backen.

2 Jahre

Du brauchst

Für den Teig:

250 g Weizenmehl

250 g Dinkelmehl

1 P Trockenhefe

1 TL Salz

1 TL Zucker

250 ml lauwarmes Wasser

8 EL Öl

Für den Belag:

1 Dose Pizzatomaten

2 frische Tomaten

½ Dose Mais

Pflanzenkäse

(wer eine besonders gut geschmolzene Käseschicht mag: Pflanzenkäse mit etwas Öl und ungesüßter Pflanzenmilch pürieren und dann verwenden)

Pizzagewürze (beispielsweise Basilikum, Oregano, Thymian)

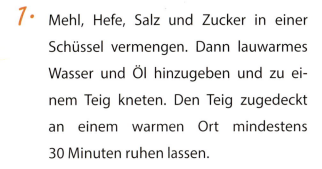

Zubereitung

1. Mehl, Hefe, Salz und Zucker in einer Schüssel vermengen. Dann lauwarmes Wasser und Öl hinzugeben und zu einem Teig kneten. Den Teig zugedeckt an einem warmen Ort mindestens 30 Minuten ruhen lassen.

2. Das Gemüse kleinschneiden und die Pizzatomaten mit Pizzagewürzen mischen.

3. Den Backofen auf 180 °C vorheizen.

4. Torteletteförmchen einfetten und mit dem Pizzateig füllen.

5. Die Torteletts mit Pizzatomaten bestreichen, mit Gemüse belegen, Pflanzenkäse und zuletzt ein wenig Basilikum darüber streuen.

6. Die Pizza im Backofen 20 Minuten fertig backen.

Lasagne

3 Jahre

Du brauchst

Lasagneplatten

1 Dose gehackte Tomaten

½ Dose Mais

5 EL Sojagranulat

5 große (oder 10 kleine) Champignons

½ Zucchini

½ kleine Zwiebel

1 P Cuisine (250 ml)

1 EL Gemüsebrühe

Pflanzenkäse

2 EL Öl

Salz

Pizzagewürz (z.B. Basilikum, Oregano, Thymian)

Knoblauch (nach Belieben)

Zubereitung

1. Sojagranulat ca. 10 Minuten in heißem Wasser mit Gemüsebrühe einweichen und dann abtropfen lassen.

2. Das Gemüse in kleine Stücke schneiden.

3. Die Lasagne hat zwei Schichten:

   Rote Schicht: gehackte Tomaten, Mais und Sojagranulat vermengen und mit Salz und Gewürzen abschmecken.

   Weiße Schicht: Zwiebel in etwas Öl in einer Pfanne leicht anschwitzen. Zucchini und Champignons zugeben und kurz anbraten. Mit Cuisine ablöschen und kurz köcheln lassen. Mit Salz und Gewürzen abschmecken.

4. Die Lasagneplatten 2 Minuten in heißem Wasser vorgaren. Nebeneinander auf

eine Unterlage legen, damit sie danach nicht zusammenkleben. Ohne Vorgaren verlängert sich die Backzeit um 10-15 Minuten.

5. Den Backofen auf 180 °C vorheizen.

6. Zuerst eine rote Schicht in eine Lasagneform füllen. Lasagneplatten darauflegen und eine weiße Schicht darübergeben. Das ganze fortführen bis zu einer abschließenden roten Schicht. Auf diese den Pflanzenkäse streuen und noch etwas Öl und Pizzagewürz darauf verteilen.

7. Die Lasagne im Backofen ca. 25-30 Minuten fertig backen.

Sojagulasch

3 Jahre

Du brauchst

5 mittelgroße Kartoffeln

1 Möhre

2 Handvoll getrocknete Sojawürfel

250 ml Wasser

Gemüsebrühe

1 EL Hefeflocken

125 ml Pflanzenmilch

2 EL Tomatenmark

1 EL Öl

1 EL vegane Margarine

1 EL Sojasauce (Shoyu)

1 TL Essig

1 TL Speisestärke

1 Prise Zucker

Paprika edelsüß

Zubereitung

1. Sojawürfel mit kochendem Wasser übergießen, 1 EL Gemüsebrühe einrühren und abgedeckt 10 Minuten ziehen lassen und durch ein Sieb abtropfen.

2. Kartoffeln und Möhre schälen, kleinschneiden und in Wasser 15 Minuten köcheln lassen.

3. In einer Pfanne Öl, Tomatenmark, Sojasauce und Zucker verrühren und die Sojawürfel darin anbraten.

4. Essig und 250 ml Brühe (Wasser und 1 EL Gemüsebrühe) hinzugeben und einrühren.

5. Stärke und Pflanzenmilch gut mischen und ebenfalls dazugeben. Das Ganze 10 Minuten köcheln lassen.

6. Zum Schluss Margarine unterrühren, mit Paprika und Hefeflocken würzen und Sojagulasch mit Kartoffeln und Möhren genießen.

Möhren-Kartoffel-Apfel-Eintopf

9 Monate / 1 Jahr

Du brauchst

5 mittelgroße Kartoffeln

2 Möhren

½ Apfel

400 ml Wasser

1 TL Gemüsebrühe

1 EL Öl

Kräuter nach Belieben

Zubereitung

1. Obst und Gemüse schälen und in kleine Stücke schneiden.

2. Die Stücke in einem Topf vollständig mit Wasser bedecken und die Gemüsebrühe hinzugeben. Kurz aufkochen und dann bei mittlerer Temperatur 15-20 Minuten köcheln lassen, bis das Gemüse angenehm weich ist. Das Öl unterrühren.

3. Der Eintopf kann je nach Geschmack mit Kräutern gewürzt werden. Dazu passen zum Beispiel gut Schnittlauch, Petersilie oder Majoran.

Tipp

Kann für die Kleinsten noch zerstampft werden! Eignet sich super als erste feste Mahlzeit!

Saucen

Die Saucen passen gut zu Reis, Nudeln, Bulgur oder Quinoa. Auch als Dip für Kartoffelecken schmecken sie lecker. Falls etwas übrigbleibt, kannst du die Sauce kalt als schmackhaften Brotaufstrich verwenden.

Sojabolognese

1 Jahr

Du brauchst

1 Block Tofu (175 g)

1 Dose Pizzatomaten

3 EL Tomatenmark

2 EL Öl

1 EL Sojasauce (Shoyu)

Salz

Basilikum

Hefeflocken

Zubereitung

1. Tofu mit einer Gabel zerdrücken bis relativ kleine Brösel entstehen.

2. Öl, Sojasauce und Tomatenmark in einer Pfanne erhitzen und gut vermengen. Wenn die Masse gut vermischt ist, Tofu kurz mit anbraten.

3. Die Tomaten hinzugeben, gut vermischen und mit Salz und Basilikum verfeinern.

4. Die Tomatensauce mit Nudeln oder Ähnlichem servieren und ein paar Hefeflocken darüberstreuen.

Tipp

Statt Tofu kannst du auch rote Linsen verwenden. Dazu Linsen kochen und in die Sauce einarbeiten! Für Gemüsemuffel eignet sich diese Sauce bestens. Gemüse wie Möhren und Zucchini kann sehr fein gehackt oder püriert in der Sauce versteckt werden!

Grüne Sauce

1 Jahr 15

Du brauchst

5 Brokkoliröschen

½ Zucchini

3 EL gehackter Spinat

1 TL Gemüsebrühe

125 ml Wasser

2 EL Öl

Zubereitung

1. Brokkoli, Zucchini und Spinat kleinschneiden und in einem Topf mit Wasser und 1 EL Öl zum Kochen bringen. Ca. 8 Minuten köcheln lassen.

2. Die Sauce pürieren und nochmals 1 EL Öl unterrühren.

Erbsensauce

1 Jahr 15

Du brauchst

10 EL frische oder Tiefkühlerbsen

1 kleine Zwiebel

250 ml Wasser

1 TL Gemüsebrühe

1 EL Öl

Salz

Petersilie

Zubereitung

1. Zwiebel kurz in einem Topf mit Öl anbraten.

2. Erbsen hinzugeben und mit Wasser und Brühe aufgießen. Das Ganze kurz aufkochen und ca. 10 Minuten köcheln lassen.

3. Die Sauce pürieren und mit etwas Salz und Petersilie abschmecken.

Linsensauce

1,5 Jahre

Du brauchst

6 EL rote Linsen

1 kleine Zwiebel

1 TL Gemüsebrühe

250 ml Wasser

2 EL Cuisine

2 EL Öl

Zitronensaft

Salz und Pfeffer

Zubereitung

1. Die Zwiebel kurz in einem Topf mit 1 EL Öl anbraten und die Linsen hinzugeben.

2. Mit 250 ml Wasser aufgießen, Gemüsebrühe unterrühren und aufkochen.

3. Ca. 10 Minuten köcheln lassen, bis die Linsen gar sind.

4. Cuisine hinzugeben und die Sauce grob pürieren, bis sie leicht schaumig wird.

5. Zum Schluss mit Salz und Pfeffer abschmecken und 1 EL Öl und einen Spritzer Zitronensaft einrühren.

Pfannkuchen

Apfelpfannkuchen

1 Jahr

Ergibt 5 mittelgroße, dicke Pfannkuchen

Du brauchst

250 g Mehl

50 g Zucker

1 TL Backpulver

1 Apfel

1 Prise Salz

250 ml Sojamilch

125 ml kohlensäurehaltiges Mineralwasser

Öl

Zucker- und sojafreie Alternative

Sojamilch durch 250 ml Hafermilch ersetzen.

Als Zuckerersatz 3 EL Apfelmus verwenden.

Kohlensäurehaltiges Mineralwasser auf 100 ml reduzieren.

Zubereitung

1. Die trockenen Zutaten in einer Schüssel vermengen.

2. Sojamilch und Mineralwasser hinzugeben und mit einem Schneebesen zu einem glatten, leicht zähen Teig verarbeiten.

3. Den Apfel in dünne Apfelschnitze schneiden.

4. Öl in einer Pfanne erhitzen, Teig in die Pfanne geben und durch vorsichtiges Schwenken der Pfanne verteilen. Apfelstücke leicht in den Teig drücken.

5. Die Pfannkuchen dann langsam bei mittlerer Temperatur von beiden Seiten goldig backen.

Tipp

Statt mit Äpfeln schmecken die Pfannkuchen auch mit Pflaumen, Heidelbeeren und Johannisbeeren super lecker! Wenn du Vollkornmehl verwenden möchtest, muss die Wassermenge um 100 ml erhöht werden!

Müslipfannkuchen

Ergibt 5 kleine Pfannkuchen

1 Jahr

Du brauchst

100 g Vollkornmehl

50 g Mehl

5 EL Kindermüsli (feines Müsli)

2 EL Sojamehl

1 Prise Salz

250 ml Hafermilch

4 EL Wasser

2 EL kohlensäurehaltiges Mineralwasser

Öl

Zubereitung

1. Sojamehl und Wasser vermengen.

2. Salz hinzufügen und nach und nach Hafermilch und Mehl mit einem Schneebesen unterrühren bis ein gleichmäßiger, recht dickflüssiger Teig entsteht. Zum Schluss das Müsli einrühren.

3. Öl in einer Pfanne erhitzen und kleine Pfannkuchen backen. Die Pfannkuchen bei mittlerer Temperatur langsam von beiden Seiten durchbacken.

4. Den Pfannkuchen zum Beispiel mit Weizenkeimen bestreuen und dazu Apfelkompott servieren.

Tipp

Für größere Kinder oder Erwachsene kannst du statt feinem Kindermüsli auch andere Müslisorten verwenden. Früchte- oder Knuspermüsli gibt den Pfannkuchen einen besonderen Geschmack!

Gemüsepfannkuchen

Ergibt 8 kleine Pfannkuchen

1,5 Jahre 30

Du brauchst

250 g Mehl

1 Möhre

Spinat (etwa dieselbe Menge wie die geraspelte Möhre, fein gehackt)

500 ml Wasser

6 EL Cuisine

2 EL Öl

2 TL Petersilie

Salz

Tipp

Mit ein bisschen „Instant-Käsesauce" (gibt's im gut sortierten Veganversand) schmecken die Pfannkuchen besonders gut! Auch kleingewürfelter Räuchertofu lässt sich gut mit einarbeiten! Wenn du Vollkornmehl verwenden möchtest, muss die Wassermenge erhöht werden, sodass sich immer noch ein relativ flüssiger Teig ergibt.

Zubereitung

1. Die Möhren feinraspeln und mit Spinat in 1 EL Wasser kurz in einem Topf erhitzen.

2. Mehl mit dem Wasser vermengen, nach und nach Cuisine und Öl hinzugeben und mit einem Schneebesen zu einem relativ flüssigen Teig verarbeiten.

3. Salz und Petersilie zum Abschmecken unterrühren. Zum Schluss das Gemüse untermengen.

4. Öl in einer Pfanne erhitzen und die Pfannkuchen bei mittlerer Temperatur langsam von beiden Seiten goldbraun backen. Pfannkuchen wenden, wenn der äußere Rand durchgebacken und etwas bräunlich erscheint.

Buchweizenpfannkuchen mit Füllung

2 Jahre

Glutenfrei

Du brauchst

Für die Pfannkuchen:

100 g Buchweizenmehl

25 g Sojamehl

1 EL Zucker

Salz

250 ml Wasser

50 ml Öl

Für die Füllung:

5 große Champignons

½ P Cuisine

Öl

Salz und Pfeffer

Schnittlauch

Zubereitung

1. Die trockenen Zutaten mischen, Wasser und Öl hinzugeben und mit einem Schneebesen zu einem glatten Teig verarbeiten. Den Teig 30 Minuten quellen lassen.

2. Champignons in Scheiben schneiden und mit etwas Öl in einer Pfanne anbraten. Mit Cuisine ablöschen und mit Salz, Pfeffer und Schnittlauch abschmecken.

3. Die Pfannkuchen in etwas Öl in einer Pfanne bei mittlerer Temperatur beidseitig goldbraun backen.

4. Zum Füllen den Pfannkuchen auf einen Teller legen, mittig Champignons auftragen und beide Seiten zur Mitte hin umklappen.

Nachtische

Viele große und kleine Menschen mögen gerne nach dem Mittagessen noch einen Nachtisch. Du kannst zum Beispiel Obstbrei oder Obstsalat anbieten. Ein leckeres **Apfelkompott** ist schnell zubereitet, indem du Äpfel in kleine Stücke schneidest, mit 3 EL Wasser in einem Topf köcheln lässt und dann je nach gewünschter Konsistenz zerdrückst. Besonders lecker schmeckt es, wenn du es mit ein wenig Zimt abschmeckst, Rosinen unterrührst und Weizenkeime darüber streust. Für das Kompott können auch andere Früchte, wie zum Beispiel Pflaumen, verwendet werden. Dazu einen warmen Grießbrei reichen und der Nachtisch ist perfekt!

Eine andere Möglichkeit ist es, einen **Shake** als Nachtisch zuzubereiten. Nimm hierzu 250 ml Pflanzenmilch deiner Wahl, eine halbe reife Banane und 2 EL Getreideschmelzflocken (z.B. Haferkleieflocken). Püriere das Ganze und es ergibt einen leckeren, nahrhaften Shake. Wenn dein Kind es etwas süßer mag, füge noch einen Esslöffel Mandelmus hinzu. Shakes können mit beliebigen Früchten zubereitet werden, auch ganze Früchte kannst du unterrühren. Sie bieten sich sowohl als gesundes Frühstück als auch zur Erfrischung im Sommer mit leckerem Eis angereichert an.

Eis

1 Jahr

+ Einfrierzeit

Du brauchst

2 reife Bananen
4 EL Pflanzenmilch
1 TL Mandelmus

Zubereitung

1. Bananen in Scheiben schneiden und über Nacht einfrieren.

2. Am nächsten Tag die Bananen in einen Messbecher geben und etwa 15 Minuten antauen lassen.

3. Pflanzenmilch zufügen und pürieren.

4. Zum Schluss das Mandelmus unterrühren (eventuell noch einmal pürieren, damit es sich besser verteilt).

Tipp

Statt Bananen können auch andere gefrorene Früchte (zum Beispiel Beeren, Pfirsiche, Ananas, Melonen) verwendet werden. Dein Kind kann somit sein eigenes Lieblingseis kreieren! Wer es richtig süß mag, kann auch noch ein bisschen Instant-Kakao unterrühren. Für ältere Kinder lassen sich auch Nüsse oder Schokotropfen mit einarbeiten!

Trockenfruchtbällchen

Ergibt 10 kleine oder 6 große Kugeln

1,5 Jahre

Du brauchst

5 getrocknete Aprikosen

2 EL Rosinen

2 EL Haferschmelzflocken

2 EL Apfelsaft

1 EL Mandelmus

Gemahlene Haselnüsse zum Wälzen

Tipp

Du kannst für das Rezept auch andere Trockenfrüchte, wie z.B. Datteln verwenden und die gemahlenen Haselnüsse durch Kokosflocken oder gemahlene Mandeln ersetzen. Den Saft zu variieren und andere Nussmuse zu verwenden, ergibt nochmals einen neuen Geschmack. So wirst du immer wieder verschiedene Bällchen zaubern! Wenn du die Masse etwas feiner pürierst, kannst du mit Oblaten oder Esspapier selbst Fruchtschnitten herstellen!

Zubereitung

1. Aprikosen und Rosinen in feine Stücke schneiden und in eine kleine Schüssel füllen.

2. Mandelmus und Apfelsaft unterrühren und das ganze 30 Minuten einweichen lassen.

3. Alles grob pürieren und die Haferschmelzflocken unterheben.

4. Die Handflächen mit gemahlenen Haselnüssen bestreuen, einen EL (für große Bällchen) oder TL (für kleine Bällchen) der Masse auf die Hand geben und die Bällchen formen. Nach Bedarf nochmals in gemahlenen Haselnüssen wälzen.

Aufstriche

Pflanzlicher Frischkäse

1,5 Jahre

Du brauchst

500 ml ungesüßte Sojamilch

3 EL Zitronensaft

1 TL Kräutersalz

1 TL Schnittlauch

Zubereitung

1. Sojamilch aufkochen, von der Platte nehmen und den Zitronensaft nach und nach vorsichtig unterheben. Das Ganze ungefähr 10 Minuten zum Ausflocken stehen lassen.

2. In der Spüle ein Sieb mit einem Teefilter auslegen und die Masse hineinschütten, vorsichtig pressen oder mit einem Teefilter abdecken und beschweren. Dieser Vorgang funktioniert auch mit einem Handtuch: Alles in ein Handtuch füllen und über der Spüle auspressen.

3. Wenn alles abgetropft und die gewünschte Konsistenz erreicht ist, kannst du den Frischkäse mit Kräutersalz und Schnittlauch abschmecken. Wer es noch würziger mag, kann noch 1 TL Salz und Knoblauch hinzufügen.

Tipp

Je länger du die Masse beschwert stehen lässt, desto fester wird der Käse!

Avocadocreme

9 Monate / 1 Jahr — 15

Du brauchst

1 Avocado

2 EL Cuisine oder ungesüßte Pflanzenmilch

1 TL Schnittlauch

½ TL Kräutersalz

Zubereitung

1. Avocado mit einer Gabel fein zerstoßen und Cuisine unterrühren.

2. Danach mit Kräutersalz und Schnittlauch abschmecken.

Tomatenstreich

1 Jahr

Du brauchst

½ Tomate

½ TL Stärke

3 EL Cuisine

2 EL Tomatenmark

1 EL Öl

Basilikum

Salz

Zubereitung

1. Cuisine mit Tomatenmark und Öl mit Stärke vermengen.

2. Die Tomate in kleine Stücke hacken.

3. Alle Zutaten vermischen und mit etwas Salz und Basilikum abschmecken.

Tipp

Je nach Geschmack können noch Zwiebeln, Knoblauch oder Äpfel mit eingearbeitet werden!

Linsenaufstrich

 1 Jahr 15

Du brauchst

4 EL rote Linsen

125 ml Wasser

3 EL Sonnenblumenöl

1 TL Tahin

¼ TL Salz

Paprika edelsüß

Curry

Zubereitung

1. Linsen und 100 ml Wasser in einen kleinen Topf geben und 10 Minuten köcheln lassen. Zwischendurch immer wieder umrühren.

2. Linsen in eine Schüssel oder einen Messbecher geben und fein pürieren.

3. 4 EL Wasser, Öl, Tahin, Salz und eine Prise Paprika und Curry zugeben und alles noch einmal gut pürieren.

Tipp

Der Aufstrich kann durch verschiedene Gewürze immer wieder geschmacklich verändert werden. Auch ist es möglich, vorgegarte Gemüsesorten wie Kürbis oder Zucchini mit zu verwenden.

Studentenfutter-Aufstrich

2 Jahre
+ Einweichzeit

Du brauchst

3 EL Studentenfutter

4 EL Wasser

1 EL Mandelmus

1 EL Sonnenblumenöl

Zubereitung

1. Studentenfutter und Wasser in eine kleine Schüssel geben, sodass das Studentenfutter komplett bedeckt ist. Über Nacht einweichen lassen.

2. Das Ganze in eine größere Schüssel oder einen Messbecher geben und pürieren. Je nach Alter des Kindes kannst du es sehr fein pürieren oder noch kleine Nussstücke im Aufstrich belassen.

3. Zum Schluss Mandelmus und Sonnenblumenöl hinzufügen und nochmals pürieren.

Tipp

Variationen des Aufstrichs ergeben sich, wenn du unterschiedliche Nussmuse und Nussöle verwendest. Auch kannst du frische Früchte mit untermengen.

Schoko-Nuss-Creme

2 Jahre

Du brauchst

100 g weiche vegane Margarine

3 EL Haselnussmus

(falls nicht vorhanden können stattdessen 50 g gemahlene Haselnüsse verwendet werden)

5 EL Kakaopulver

1 P Vanillezucker

1 EL Agavendicksaft

Zubereitung

1. Margarine mit einem Handrührgerät cremig schlagen.

2. Die restlichen Zutaten untermixen. Fertig und ab aufs Brot!

Mandelcreme

2 Jahre

Du brauchst

100 g weiche vegane Margarine

3 EL Mandelmus

1 P Vanillezucker

1 EL Agavendicksaft

Zubereitung

1. Margarine mit einem Handrührgerät cremig schlagen.

2. Alle weiteren Zutaten untermischen.

Gebäck

Brot

1 Jahr

Du brauchst

200 g Vollkornmehl

300 g Mehl

½ Würfel frische Hefe

1 EL Zucker

1,5 TL Salz

450 ml lauwarmes Wasser

2 EL Obstessig

vegane Margarine

Je nach Geschmack und Alter des Kindes, können dem Brotteig Sesam, Mohn, Sonnenblumenkerne, Weizenkleie/-keime, Getreideflocken o. Ä. hinzugefügt werden. Auch für die Kruste kannst du diese Zutaten verwenden. Für kleinere Kinder um den ersten Geburtstag herum ist es sinnvoll, keine oder wenige Saaten und Kerne einzubeziehen, da diese noch schwer verdaulich sind.

Zubereitung

1. Mehl und Salz vermengen, in der Mitte eine Kuhle formen. Zerbröckelte Hefe, Zucker und 150 ml lauwarmes Wasser hineingeben. Das Ganze 5 Minuten mit einem Tuch abgedeckt ruhen lassen.

2. Rest des Wassers und Essig hinzugeben und zu einem glatten Teig kneten. Ggf. Saaten, Kerne, Trockenfrüchte oder Getreideflocken unterrühren. Den Teig abgedeckt an einem warmen Ort 30 Minuten ruhen lassen (Teig dabei in der Rührschüssel belassen, da es ein eher matschiger Teig ist).

3. Den Backofen auf 180 °C vorheizen.

4. Eine Brotbackform mit Margarine einfetten und für eine schöne Kruste mit Sesam und Mohn ausstreuen.

5. Den Teig in die Brotbackform füllen, die Oberfläche längs ca. 1 cm anritzen und mit Sesam, Mohn, Kürbiskernen o. Ä. bestreuen.

6. Im Backofen 60 Minuten backen und mit einem Holzstab testen, ob das Brot fertig ist. Klebt noch Teig am Holzstab, wird die Backzeit um je 5 Minuten verlängert, solange bis nichts mehr haften bleibt.

7. Zuletzt das Brot aus der Backform nehmen und auf einem Rost auskühlen lassen.

Tipp

Eine Variation des Rezeptes ergibt sich durch das Einbacken von geraspelten Karotten und Nüssen. Du kannst den Teig auch mit Trockenfrüchten anreichern. Wenn du statt frischer Hefe Trockenhefe verwenden möchtest, verwende 1 P derselben und verfahre wie mit der frischen Hefe. Mehlsorten und Vollkornanteil können nach Geschmack variiert werden.

Laugengebäck

1 Jahr

Du brauchst

500 g Mehl

1 P Trockenhefe

2 TL Salz

1 TL Zucker

250 ml lauwarmes Wasser

2 EL vegane Margarine

Für die Lauge:

½ Päckchen (25g) Natron

1 l Wasser

Zubereitung

1. Mehl, Hefe, Salz und Zucker in einer Rührschüssel vermengen.
2. Margarine und lauwarmes Wasser hinzufügen und zu einem glatten Teig verkneten.
3. Den Teig abgedeckt an einem warmen Ort 30 Minuten ruhen lassen.
4. Teig nochmals durchkneten und daraus Brötchen, Brezeln und Stangen formen.
5. Den Backofen auf 200 °C vorheizen.
6. 1 l Wasser in einem großen Topf zum kochen bringen, Natron einrühren und die Teiglinge 1 Minute darin köcheln lassen.
7. Die Teiglinge aus dem Wasser holen und auf eine mit Mehl bedeckte Arbeitsfläche legen (Vorsicht heiß! Am besten mit einer Schöpfkelle arbeiten!) und das Laugengebäck an der Oberseite mit einem Messer 1 cm tief einritzen. Je nach Geschmack und Alter des Kindes Sesam, Sonnenblumenkerne oder Ähnliches darüberstreuen und leicht andrücken.
8. Das Laugengebäck im Backofen ca. 15-20 Minuten backen, bis es eine schöne braune Farbe hat.

Tipp

Wenn du die Laugenbrötchen etwas tiefer einritzt und Pflanzenkäse in die entstandene Öffnung drückst, erhältst du sehr leckere Käsebrötchen.

Rosinenbrötchen

Ergibt 9 Brötchen

1 Jahr

Du brauchst

350 g Mehl

40 g Zucker (etwas weniger Zucker, wenn du eine gesüßte Sojamilch verwendest)

¼ Würfel frische Hefe

Prise Salz

300 ml Sojamilch

10 EL Öl

Rosinen (Menge nach Belieben)

Zucker- und sojafreie Alternative

Sojamilch durch 200 ml Hafermilch ersetzen.

Als Zuckerersatz 2 EL Rosinen und 100 ml Wasser in eine kleine Schale geben und für mindestens eine Stunde einweichen lassen, danach fein pürieren.

Statt Rosinen können auch Schokotropfen in die Brötchen eingebacken werden!

Zubereitung

1. Sojamilch leicht erwärmen, sodass sie ungefähr Körpertemperatur hat.

2. Mehl und Salz in einer Rührschüssel mischen, eine Kuhle darin formen. Zerbröckelte Hefe, Zucker und lauwarme Sojamilch hineingeben und abgedeckt 5 Minuten ruhen lassen.

3. Öl beimengen und zu einem glatten Teig kneten. Nun die Rosinen untermischen.

4. Abgedeckt mit einem Tuch ca. 30 Minuten an einem warmen Ort ruhen lassen.

5. Arbeitsfläche und Hände ausreichend mit Mehl bestäuben, Brötchen formen und diese nochmals 30 Minuten ruhen lassen.

6. Im Backofen bei 200 °C 15-20 Minuten ausbacken.

Tipp

Dinkelgrießbrötchen

Ergibt 6 Brötchen

1 Jahr

Du brauchst

100 g Dinkelvollkornmehl

150 g Dinkelmehl

25 g Dinkelgrieß

¼ Würfel frische Hefe

1 TL Salz

1 TL Zucker

90 ml lauwarmes Wasser

70 ml Sojamilch

4 EL Öl

Für die Kruste:

Etwas Dinkelgrieß, Stärke und Sojamilch

Zubereitung

1. Mehl, Grieß und Salz mischen, eine Kuhle darin formen. Zerbröckelte Hefe, Zucker und lauwarmes Wasser hineingeben. 5 Minuten abgedeckt ruhen lassen.

2. Sojamilch und Öl zufügen und zu einem glatten Teig kneten. Abgedeckt mindestens 30 Minuten an einem warmen Ort ruhen lassen, bis der Teig gut aufgegangen ist.

3. Den Teig nochmals durchkneten und Brötchen daraus formen. 2 EL Dinkelgrieß, 1 TL Stärke und 2 EL Sojamilch vermengen, auf die Brötchen streichen und nochmals etwas Dinkelgrieß darüberstreuen. Wieder 30 Minuten an einem warmen Ort gehen lassen.

4. Im Backofen bei 180 °C ca. 30 Minuten goldbraun backen.

Ausstechplätzchen

1 Jahr 45

+ 2 Std. Zeit zum Ruhen

Du brauchst

1 reife Banane
300 g Mehl
100 g Zucker
1 P Vanillezucker
½ P Backpulver
5 EL vegane Margarine

Zubereitung

1. Margarine, Zucker und Vanillezucker verrühren. Die Banane zerdrücken und ebenfalls hinzufügen.
2. Mehl und Backpulver hinzugeben und alles zu einem glatten Teig verrühren.
3. 2 Stunden im Kühlschrank ruhen lassen.
4. Den Backofen auf 175 °C vorheizen.
5. Danach wird der Teig auf einer mit Mehl bestreuten Arbeitsfläche ausgerollt, bevor du mit Ausstechformen Plätzchen ausstechen kannst. Die ausgerollte Oberfläche ggf. mit ein wenig Mehl bestäuben. Die Plätzchen dann vorsichtig mit einem Messer von der Fläche abheben und auf ein mit Backpapier ausgelegtes Backblech legen.
6. Die Plätzchen ca. 10 Minuten im Backofen backen.

Je nach Reifegrad der Banane kann die Konsistenz des Teiges variieren. Wenn der Teig zu matschig erscheint, füge einfach ein bisschen mehr Mehl hinzu.

Tipp

Die Plätzchen können nach dem Auskühlen mit Zuckerguss (10 EL Puderzucker und 1 EL Wasser oder Saft verrühren, bis ein sämiger Zuckerguss entsteht) und Streuseln verziert werden!

Alternativrezept Ausstechplätzchen

Weiche Plätzchen für die Kleinsten

Du brauchst

1 reife Banane

75 g Dinkelvollkornmehl

75 g Dinkelmehl

1,5 TL Backpulver

1 Messerspitze gemahlene Vanille

5 EL Öl

Zubereitung

1. Die Zubereitung erfolgt wie bei den anderen Ausstechplätzchen.

Spritzgebäck

 1 Jahr 30

Du brauchst

175 g Mehl

50 g Zucker

1 TL Backpulver

8 EL vegane Margarine

Optional: 1 P Vanillezucker

Spritztülle

Zubereitung

1. Die Zutaten zu einem glatten Teig verrühren.

2. Den Backofen auf 175 °C vorheizen.

3. Den Teig in eine Spritztülle geben und in gewünschter Form auf ein mit Backpapier ausgelegtes Backblech spritzen.

4. Im Backofen ca. 15 Minuten goldig backen.

Tipp

Mit dem Spritzgebäck kannst du das Alphabet, Zahlen, Formen und Tiere backen!

Lebkuchen

Reicht für ein Backblech

 *2 Jahre*

Du brauchst

500 g Dinkelmehl

500 g Zucker

5 EL Kakaopulver

1 P Backpulver

½ P Lebkuchengewürz

500 ml Sojamilch

5 EL vegane Margarine

Tipp

Um ein Lebkuchenhaus zu backen, kannst du den Teig entweder in eine entsprechende Lebkuchenhausform geben, oder du backst zwei Backbleche, aus denen du die Hausteile ausschneidest. Das Haus zuerst zusammensetzen und mit Zahnstochern fixieren. Danach eine recht feste, weiße Masse aus Puderzucker, Wasser und Agartine anmischen, in eine Spritztülle geben und das Haus damit zusammenkleben. Mit diesem „Kleber" können dann auch Dekorationen wie vegane Gummibärchen, Kekse, Perlen, Streusel, Mandeln etc. angebracht werden. Zum Schluss das Dach mit Puderzucker bestäuben, fertig!

Zubereitung

1. Die trockenen Zutaten mischen.
2. Sojamilch und Margarine hinzugeben und zu einem glatten Teig verarbeiten.
3. Den Backofen auf 180 °C vorheizen.
4. Den Teig auf einem mit Backpapier ausgelegten Backblech oder in einer eingefetteten Lebkuchenhausform verteilen und glatt streichen.
5. Im Backofen 20-25 Minuten backen.
6. Den Teig auskühlen lassen, in die gewünschte Form schneiden und ggf. noch verzieren.

Zuckerfreie Alternative

Als Zuckerersatz 350 ml Agavendicksaft verwenden.

Sojamilch auf 250 ml reduzieren.

Schokokuchen

 *1 Jahr*

Du brauchst

300 g Mehl

250 g Zucker

1 P Backpulver

1 P Vanillezucker

5 EL Kakaopulver

350 ml Wasser

5 EL Öl

Zuckerfreie Alternative

Helles Mehl durch 300 g Vollkornmehl ersetzen.

Als Zuckerersatz 6 EL Agavendicksaft verwenden und statt Vanillezucker eine Messerspitze gemahlene Vanille hinzufügen.

Zubereitung

1. Den Backofen auf 175 °C vorheizen.
2. Alle Zutaten in eine Rührschüssel geben und zu einem glatten Teig verarbeiten.
3. Den Teig in eine gefettete Kastenform geben und je nach Backofen 45-60 Minuten backen. Mit einem Holzstab prüfen, ob der Kuchen fertig ist. Wenn noch etwas Teig am Stab haften bleibt, verlängere die Backzeit um jeweils 5 Minuten.

Tipp

Aus diesem Teig lassen sich auch Muffins machen. Diese dann bei 175 °C ca. 30 Minuten backen.

Muffins

Ergibt 8 Muffins

1,5 Jahre 45

Du brauchst

150 g Mehl

30 g Zucker

1,5 TL Backpulver

1 Prise Salz

150 ml Sojamilch

10 EL Öl

2 EL veganer Vanillepudding

3 EL kohlensäurehaltiges Mineralwasser

Zuckerfreie Alternative

Helles Mehl durch 150 g Vollkornmehl ersetzen.

Als Zuckerersatz 3 EL Agavendicksaft verwenden und statt Vanillezucker eine Messerspitze gemahlene Vanille hinzufügen.

Zubereitung

1. Trockene Zutaten vermischen. Sojamilch, Wasser, Öl und Vanillepudding hinzugeben und zu einem glatten Teig verrühren.

2. Den Backofen auf 180 °C vorheizen.

3. Damit der Teig nicht an den Papierförmchen haftet, die Förmchen von innen mit etwas Margarine bestreichen und ggf. noch Paniermehl oder gemahlene Haselnüsse einstreuen.

4. Den Teig in die Muffinförmchen füllen und 30-40 Minuten backen.

Tipp

In den Teig können Schokotropfen, Kirschen, Heidelbeeren oder Kakao eingerührt werden. Die Hälfte der Sojamilch kann durch Vanillesojamilch ersetzt werden. Auch kannst du die Muffins mit Zuckerguss (10 EL Puderzucker, 1 EL Wasser oder Saft) bestreichen und dekorieren!

Waffeln

Ergibt 6 dicke Waffeln

1 Jahr

Du brauchst

200 g Mehl

1 EL Zucker

1 Prise Salz

250 g vegane Schlagsahne

50 g weiche vegane Margarine (ggf. leicht (!) erwärmen)

10 EL Sojamilch

Zubereitung

1. Mehl, Zucker und Salz mischen.
2. Schlagsahne, Margarine und Sojamilch hinzufügen und zu einem glatten Teig verarbeiten.
3. Waffeleisen einmalig mit Margarine einfetten, die Waffeln abbacken und auf einem Rost auskühlen lassen.

Tipp

Waffeln schmecken auch am zweiten oder dritten Tag noch beinahe wie frisch gebacken, wenn sie kurz im Toaster aufgebacken werden!

Möhren-Mandel-Muffins

Ergibt 10 Muffins

3 Jahre

Du brauchst

250 g Mehl

50 g Zucker

1 Möhre

2 EL gehackte Mandeln

1 gehäufter TL Natron

1 Prise Salz

1 Messerspitze Vanille

50 g Marzipanrohmasse

12 EL kohlensäurehaltiges Mineralwasser

8 EL Öl

1 EL veganen Obstessig

Zubereitung

1. Möhre feinraspeln und Marzipan gründlich zerkleinern.

2. Die trockenen Zutaten vermengen und danach Wasser, Öl, Essig und Marzipanrohmasse unterrühren.

3. Das Ganze mixen, bis ein geschmeidiger Teig entsteht. Anschließend die Möhren unterrühren.

4. Den Teig nun in eingefettete Muffinformen füllen und im Backofen bei 180 °C ca. 20 Minuten backen.

Tipp

Für kleinere Kinder empfiehlt es sich, statt der gehackten, gemahlene Mandeln zu verwenden!

Saftiger Blechkuchen

1,5 Jahre

Du brauchst

300 g Mehl

60 g Zucker

2,5 TL Backpulver

1 Prise Salz

300 ml Sojamilch (oder: 150 ml Sojamilch natur und 150 ml Sojamilch Vanille)

6 EL Öl

3 EL kohlensäurehaltiges Mineralwasser

½ Dose Mandarinen

Zuckerguss (10 EL Puderzucker und 1 EL Wasser, Saft oder Vanillesojamilch)

Zubereitung

1. Die trockenen Zutaten mischen, Sojamilch, Öl und Mineralwasser hinzufügen und zu einem glatten Teig verarbeiten.

2. Den Backofen auf 180 °C vorheizen.

3. Ein kleines Blech oder eine Springform (ohne Einsatz) einfetten oder mit Backpapier auslegen und den Teig hineingeben.

4. Die Mandarinen leicht eindrücken und den Kuchen im Backofen ca. 45 Minuten backen.

5. Nach dem Auskühlen mit Zuckerguss bestreichen.

Tipp

Wenn du ein großes Blech Kuchen backen möchtest, verdopple einfach die Menge der Zutaten! Schmeckt auch lecker, wenn die Sojamilch durch Schokosojamilch ersetzt wird und dann Kirschen mit eingebacken werden!

Feste feiern

Kinder feiern sehr gerne! Feste sind ein wichtiger Bestandteil des Jahresablaufs, da sie immer wiederkehren, Vorfreude wecken, spannend sind und Spaß machen. Zum gemeinsamen Feiern gehören auch entsprechende Speisen. Im Folgenden finden sich die hierzulande typischen Anlässe für Feiern und ein paar Tipps für die vegane Verköstigung der kleinen und großen Gäste. Die im Folgenden genannten Rezeptideen findest du im Rezeptteil des Buches.

Geburtstag

Geburtstage sind etwas ganz Besonderes für Kinder. Wieder ein Jahr älter zu sein, „groß" zu werden und mit Freunden und Familie zu feiern macht Spaß. Als Geburtstagskuchen kann der Schokokuchen gebacken werden. Diesen kannst du dann mit der altersentsprechenden Anzahl Kerzen oder anderen Dekorationen (vegane Gummibärchen und Streusel etc.) verzieren. Für den Kindergeburtstag ist ein Fingerfoodbuffet eine gute Idee. Auf diesem Buffet kannst du Rohkost, Gebäckstangen, Ausstechtofu, Tofuwürstchen, Muffins, Obstsalat, Spieße und ähnliches anbieten. Mit ein paar Luftschlangen und Blumen kombiniert lädt die Tafel zum Knabbern ein. Für ältere Kinder eignen sich für ein Geburtstagsessen auch Spaghetti mit Sojabolognese, Pizza und Pommes. Bei diesen Gerichten kannst du davon ausgehen, dass sie von allen kleinen Gästen mit Genuss verspeist werden.

Weihnachten

Weihnachten und die vorangehende Adventszeit tragen zu einem gemütlichen und besinnlichen Jahresausklang bei. Viele Kinder lieben besonders das Plätzchenbacken, Kerzenlicht und die spannende Vorfreude auf das Weihnachtsfest. Neben den in der Rubrik „Gebäck" aufgeführten Plätzchenrezepten ist Lebkuchen eine besondere Leckerei in der Weihnachtszeit. Ein Lebkuchenhaus kann zum Beispiel kurz vor der Adventszeit gebacken werden, und begleitet dann eure Familie durch den Advent bis hin zum Weihnachtsfest. Auch ein Adventskalender kann die Wartezeit auf das bevorstehende Fest verkürzen. Diesen kannst du selbst mit Plätzchen, veganem Marzipan, Schokolade und kleinen Überraschungen füllen. Zum Nikolausfest am 6. Dezember ist das Backen eines Stutenkerls eine beliebte Tradition. Dafür kannst du das Rezept für Rosinenbrötchen verwenden, ein Männchen formen und Augen, Nase, Mund und Knöpfe mit Rosinen aufbringen.

Ostern
Ostereier gehören für viele zur Tradition des Osterfestes dazu. Zu Hühnereiern gibt es unzählige Möglichkeiten veganer Eialternativen. Schon kleine Kinder können zum Beispiel Eier aus Plastik, Styropor oder ausgeschnittene Pappeier bemalen und mit Kügelchen aus Krepppapier bekleben. Zum Verstecken eignen sich Marzipaneier (Marzipanrohmasse zu Eiern formen und in etwas Zimt oder Kakao wälzen), Rosinenbrötchen oder Trockenfruchtbällchen in Eiform. Aus süßem Hefeteig kann auch ein Osternest gebacken werden, welches dann mit Überraschungen gefüllt wird. Neben dem gebackenen Osternest ist es auch eine schöne Idee, zeitig einen Topf mit Ostergrassamen anzusetzen. Das Gras wächst dann bis zum Fest heran und kann an Ostern mit Leckereien bestückt werden.

Feste außerhalb der Familie
Wenn du und dein Kind auswärts zum Feiern eingeladen seid, stellt sich manchmal die Frage: Soll ich etwas Veganes zum Essen mitbringen? Es gibt durchaus auch Gastgeber, die vorher fragen und dann selbst etwas Entsprechendes zaubern. Sinnvoll ist es, bei Einladungen zu Kindergeburtstagen, Kindergartenfesten und Co vorher direkt nachzufragen. Wenn dann zum Beispiel Muffins angeboten werden sollen, backe selbst ähnliche Muffins oder gib ein entsprechendes Rezept weiter. Waffeln können ebenfalls gut vorher gebacken und dann mitgegeben werden. Auch bei würzigem Essen lohnt es sich vorher nachzufragen und dann ggf. eine vegane Portion einzureichen. Spieße eignen sich ebenfalls gut, um sie zuhause vorzubereiten und dann auf eine Feier mitzunehmen. Hilfreich ist es zudem eine „Naschbox" dabeizuhaben, in der sich Süßes und Knabbereien finden. Damit bist du auf der sicheren Seite, falls die nicht vegan lebenden Kinder zwischendurch oder als Preis für ein Spiel etwas Süßes bekommen. Du wirst am besten einschätzen können was dein Kind gerne nascht und ihm damit sicherlich eine Freude bereiten.

Essen für kranke Kinder

Kinder reagieren recht unterschiedlich auf eine Erkrankung. Es gibt sowohl Kinder, welche beinahe fit erscheinen und immer noch gerne spielen, als auch kleine Patienten, die am liebsten die ganze Krankheit verschlafen möchten. Dies variiert natürlich je nach Krankheit und Kind. Auch beim Essen werden Unterschiede deutlich: ein Kind verweigert vollkommen das Essen, das andere isst immer noch gern. Wichtig ist es, diese Verschiedenartigkeit zu berücksichtigen und sich erstmal nach den Wünschen des kleinen Patienten zu richten. Der kindliche Körper weiß, was ihm guttut! Manchmal ist es gerade angemessen, dass auf feste Nahrung verzichtet wird und der Körper sich um die Heilung der Krankheit kümmern kann, anstatt mit der Verdauung beschäftigt zu sein.

Allgemeine Tipps für kranke Kinder:

- Trinken, trinken, trinken! Bei vielen Krankheiten die häufig auftreten, wie z.B. Fieber, Erkältungen, Magen-Darm-Infekte, ist auf eine ausreichende Flüssigkeitszufuhr zu achten. Gerade kleine Kinder können sonst recht schnell austrocknen.
- Regelmäßig stärkende, nährstoffreiche Nahrung in kleinen Portionen anbieten.
- Lieblingsspeisen des Kindes zubereiten oder direkt nachfragen, worauf es Hunger hat.
- Viel Ruhe und Zuwendung.

Magen-Darm-Infekt

Bei Magen-Darm-Infekten, welche meist mit Durchfall und Erbrechen einhergehen, steht vor allem eine ausreichende Flüssigkeitszufuhr im Vordergrund. Säuglinge und kleine Kinder sind sonst von einer Dehydrierung (Austrocknen) bedroht, und es kann unter Umständen notwendig werden, eine Tropf-Behandlung im Krankenhaus durchzuführen. Anzeichen einer Dehydrierung:

- Wenig und dunkler Urin in der Windel
- Antriebslosigkeit, Apathie
- Trockene Mundschleimhaut und Lippen
- Trockene Haut
- Eingesunkene Fontanelle (nicht verknöcherter Teil auf dem Schädel des Kindes)

Wenn du dir unsicher bist, frage lieber einmal zu viel als zu wenig bei deinem Kinderarzt nach.

Wichtig ist, dass du deinem Kind immer wieder löffelweise Flüssigkeit anbietest. Diese kann in Form von Muttermilch, Tee oder Elektrolytlösungen gereicht werden. Dabei sollte nach dem akuten Erbrechen immer erst eine kurze Weile abgewartet werden, da sonst die Flüssigkeit meist sofort wieder erbrochen wird. Wenn das Erbrechen seltener geworden ist oder verschwindet, können auch wieder größere Mengen Flüssigkeit angeboten werden. Am besten steigerst du nach und nach und beobachtest, ob dein Kind die Menge schon bei sich behalten kann. Feste Nahrung kannst du deinem Kind dann wieder geben, wenn es nicht mehr erbricht. Nahrungsmittel wie Möhrenbrei, geriebener Apfel, Banane, Reisschleim, Zwieback(brei) und Weißbrot sind gut geeignet, um wieder mit dem Essen zu beginnen. Auch dabei ist es wichtig, weiterhin ausreichend Flüssigkeit anzubieten.

Elektrolytlösung:
In der Apotheke kannst du fertige Elektrolytlösungen erwerben. Du kannst diese Lösung aber auch einfach selbst herstellen:

250 ml Wasser oder Tee
1 TL Traubenzucker
1 Prise Salz

Hilfreicher Tee:
Fencheltee, Kamillentee

Zwiebackbrei:
Zwieback in abgekochtem Wasser oder Fencheltee aufweichen. Eine zerdrückte Banane oder einen geriebenen Apfel unterrühren.

Verstopfung

Gerade kleine Kinder, die noch nicht an Beikost gewöhnt sind, können zu Verstopfungen neigen. Verstopfungen sind für dein Kind sehr unangenehm, sie verursachen Bauchschmerzen und können zu schmerzhaftem Stuhlgang führen. Allgemein sind viel Flüssigkeit, Bewegung und eine ballaststoffreiche Ernährung hilfreich, um Verstopfungen vorzubeugen.

„Abführende" Breisorten:
Pfirsichbrei, Aprikosenbrei, Birnenbrei

Deinem älteren Kind kannst du Pfirsiche, Aprikosen, Birnen, Trockenobst, Pflaumensaft und Leinsamen geben.

Erkältung

Erkältungen mit Halsschmerzen, Husten, Schnupfen und erhöhter Temperatur sind bei kleinen Kindern die wohl häufigste Erkrankung. Auch hier ist es hilfreich, dass dein Kind viel trinkt, um den Schleim zu lösen. Gerade kleine Kinder verschlucken den Schleim und können davon Bauchschmerzen bekommen. Dann sind Kamillentee und eine Wärmflasche geeignet, um Linderung zu verschaffen.

Hilfreiche Teesorten:
Kamillentee, Salbeitee, Thymiantee, Isländisch Moos Tee

Hustensaft:
1 mittelgroße Zwiebel
3 EL Zucker oder Agavendicksaft
125 ml Wasser

1. Die Zwiebel feinhacken, mit Zucker und Wasser vermengen.
2. Diese Mischung nun kurz aufkochen und danach 10 Minuten köcheln lassen.
3. Das Ganze vom Herd nehmen und ca. 4 Stunden ziehenlassen.
4. Durch ein Mulltuch pressen und in eine saubere Flasche abfüllen.

Nach Bedarf kann diesem Rezept auch noch Thymian oder isländisch Moos beigefügt werden. 1 TL Saft kann nun über den Tag verteilt fünf Mal verabreicht werden.

Tipp für ältere Kinder:
Gegen Halsschmerzen hilft auch ein Eis. Und es bessert zudem die allgemeine Stimmung!

Fieber

Fiebernde Kinder verlieren durch starkes Schwitzen Flüssigkeit. Achte also auf eine ausreichende Flüssigkeitszufuhr. Ob dein Kind dabei eher kalte oder warme Getränke bevorzugt, sei ihm überlassen. Obst und Gemüse zu reichen ergibt Sinn, wenn dein Kind überhaupt Appetit hat. Auch eine kräftigende Gemüsebrühe kann die Lebensgeister wieder wecken.

Gute Besserung!

Tipp

Im Kontakt mit dem Kinderarzt ist es hilfreich, diesen über die vegane Ernährung deines Kindes aufzuklären und sich regelmäßig darüber auszutauschen. Einige vom Arzt verordnete Medikamente enthalten Milchzucker, Gelatine o. Ä. und können eventuell durch vegane Produkte ersetzt werden.

Veganpass

So einfach geht's:

1. Du kopierst die beiden abgedruckten Bilder (Farbkopie ist empfehlenswert, aber auch schwarz-weiß-Kopie ist möglich). Bei Bedarf kannst du den Pass beim Kopieren noch etwas vergrößern.
2. Die Seiten aneinander kleben und trocknen lassen.
3. Du falzt den Vegan Pass in der Mitte, sodass das Huhn außen zu sehen ist und ein kleines Heftchen entsteht.
4. Nun trägst du den Namen deines Kindes auf dem Deckblatt, und die Lieblingsspeisen im Innenteil ein. Fertig!

Der Vegan Pass kann nun im Kindergarten, in der Schule, bei Freunden des Kindes, bei nicht vegan lebenden Eltern, innerhalb der eigenen Familie usw. als Information zur veganen Ernährung deines Kindes weitergegeben werden. So weiß jeder was dein Kind nicht isst, Alternativen zu diesen Dingen werden aufgezeigt und die Lieblingsspeisen können berücksichtigt werden.

Gedacht ist der Pass als Grundlage, um ein Gespräch über die vegane Ernährung deines Kindes zu führen, und Informationen anschaulich weiterzugeben. Sinnvoll ist es dabei, auf konkrete Produktnamen und Bezugsquellen vor Ort hinzuweisen.

ICH ERNÄHRE MICH VEGAN!

Ich esse nicht:	Dafür esse ich gerne:*
Fleisch, Fisch, Geflügel, Wurst, Würstchen, Aufschnitt	Tofu, Tofuwürstchen, pflanzliche Aufstriche, pflanzliche Bratlinge
Milch und Milchprodukte (Joghurt, Käse, Butter, Quark, Pudding, Kekse und Kuchen mit Milch, Vollmilchschokolade)	Sojamilch oder andere pflanzliche Milch, Sojajoghurt, Sojapudding, Margarine, pflanzlicher Käse, Zartbitterschokolade
Eier (auch Nudeln mit Ei, Kuchen und Kekse mit Ei)	Eifreie Nudeln, Kuchen und Kekse ohne Milch, Ei und Honig
Gelatine (Gummibärchen und Ähnliches)	Fruchtgummi ohne Gelatine
Honig	Agavendicksaft oder andere Dicksäfte, Marmelade
Tierische Fette und Fleischbrühe	Sonnenblumenöl bzw. andere pflanzliche Öle, Gemüsebrühe

Meine Lieblingsspeisen sind:

Außerdem mag ich gerne Obst und Gemüse, Kartoffeln, Reis, Hülsenfrüchte, Brot, Nüsse, getrocknete Früchte und vieles mehr!

* Die angegebenen Produkte sind oft vegan. Bitte prüft vor der Verwendung trotzdem nochmals die Zutatenliste. Gerne könnt ihr im Zweifel auch mich (oder meine Eltern) ansprechen.

Erfahrungen vegan lebender Familien

Kathrin und David

Vegan zu leben ist wesentlich einfacher, leckerer und gesünder als man denkt!

Kathrin lebt seit sieben Jahren und ihr Mann David seit 12 Jahren vegan. Ihr Sohn ist zwei Jahre alt und seit seiner Entstehung vegan.

Auf welche Dinge hast du aufgrund der veganen Lebensweise in der Schwangerschaft geachtet?

Ich habe auf eine reichhaltige Versorgung mit B12 geachtet mit einer Nahrungsmittelergänzung. Ansonsten habe ich lediglich auf eine gesunde, ausgewogene Ernährung geachtet, soweit das mit der Schwangerschaftsübelkeit möglich war. Wenn dies nicht mehr gewährleistet war, habe ich ein Multivitaminpräparat und Eisen zusätzlich supplementiert. Unabhängig von der veganen Ernährung habe ich auch Folsäure supplementiert.

Hast du gestillt? Wie hast du dabei sichergestellt, dass dein Kind alle wichtigen Nährstoffe erhalten?

Ja, ich habe lange gestillt bzw. stille immer noch ein wenig. Ich habe B12 oral supplementiert, da der Speicher für Vitamin B12 nicht in die Muttermilch übergeht. Des Weiteren habe ich regelmäßig viel Obst und Gemüse, Vollkornprodukte, Tofu, Sojamilch mit Calcium und Nussmuse konsumiert. Seitdem ich nicht mehr so viel stille erhält mein Kind auch B12 Tropfen und seit der Geburt bereits Vitamin D.

Wann und wie hast du den Übergang zur ersten Beikost gestaltet? Was war dir dabei wichtig und hast du bezüglich der Nährstoffversorgung etwas Spezielles beachtet?

Wir haben unserem Kind bereits sehr früh mit ca. 3-4 Monaten mit Essen spielerisch vertraut gemacht in Form von Fenchelstangen und Karotten zum darauf Rumkauen und Gnatscheln. Dabei kamen die Initiative und die Neugier von unserem Kind. Es wurden dabei aber lange keine nennenswerten Mengen gegessen, aber leidenschaftlich alles geschmacklich ausgekostet. Bei der Essensauswahl haben wir uns auf Obst/Gemüse und (häufig selbst gemachte) Vollkornprodukte beschränkt. Ein wenig später kamen dann Sojaprodukte und Nussmuse hinzu. Lediglich Erdnussmus haben wir erst spät eingeführt. Auch steht hochwertiges Lein- und Rapsöl regelmäßig auf dem Speiseplan. Meines Erachtens kann man mit den eben erwähnten Nahrungsmittelgruppen den Bedarf der Nährstoffversorgung sehr gut decken. Wir verzichten auf größere Mengen/reine Mengen an Auszugsmehl und komplett auf Industriezucker/starke Süße.

Erhält dein Kind Nahrungsergänzungsmittel? Wenn ja: welche und wie oft?

Ja, B12 Tropfen und Vigantol Öl (Präparat zur Vitamin D-Versorgung) jeden zweiten Tag. Beides erachten wir als notwendige Ergänzung.

Wie vermittelst du deinem Kind die vegane Lebensweise? Welche kindgerechten Erklärungen zum Thema Veganismus fandest du hilfreich?

Das Buch „Warum wir keine Tiere essen" finde ich sehr hilfreich, auch als Anregung vor Gesprächen mit dem Kind. Das Thema der Trennung der kleinen Tierkinder von ihren Mamas kann unser Kind verstehen, vor allem wie schlimm es ist. Auch, dass es schlimm ist wenn Tieren weh getan wird, gerade weil unser Kind mit Tieren groß wird. Außerdem erklären wir, dass die Kuhmilch den Kälbern gehört, so wie meine Muttermilch nur für mein Kind ist. Der Begriff töten/sterben ist allerdings noch zu abstrakt. Wir erklären aber auch, dass die Produkte eklig sind, z.B. Eier bei den Hühnern da raus kommen, wo auch die Kacka raus kommt.

Welche Erfahrungen hat deine Familie mit „unveganen" Situationen, Menschen, Kindergärten, Schulen, Ärzten etc. gemacht? Welche Lösungen haben sich ergeben?

In der Schwangerschaft und kurz nach der Geburt war es für uns sehr hilfreich, dass wir als Arzt und Molekularbiologe tätig bzw. ausgebildet sind, was eine gute Kompetenz (und Achtung in unserem Gegenüber) in vielen Fragen bezüglich Ernährung, Stoffwechsel, Mikro- und Makronährstoffe schafft.
Ansonsten haben wir bisher vor allem überraschend positive Erfahrungen gemacht. In den Spielegruppen wurde Rücksicht genommen und immer vegan gebacken bei Geburtstagen. Dafür wurde sich vorher bei uns nach Rezepten und Möglichkeiten erkundigt. Alternativ haben wir auch immer selbstgebackene vegane bunte Plätzchen mit, falls es mal etwas Unveganes geben sollte. Und natürlich haben wir auch bei Besuchen immer eine Kleinigkeit zu essen mit, falls es dort nichts veganes geben sollte bzw. als Alternative. Ich denke wir haben bisher auch viel positive Rückmeldung erhalten, da wir den Veganismus nicht aufdrängen, sondern vorleben. Früher oder später werden die meisten neugierig und fragen nach. Meines Erachtens ist dieser Weg in der Regel fruchtbarer um Veränderungen und Denkanstöße im Umfeld zu erzeugen. Wir wirken nicht wie verbissene Ökokämpfer, sondern wie eine „normale" nette Familie. Im Zweifelsfall hilft auch Vorbacken und Kochen.

Gibt es eine Erfahrung, eine Information oder Ähnliches, das du noch unbedingt weitergeben willst?

Vegane Kinderernährung ist wesentlich einfacher als man denkt. Wichtig ist, dass man selber auch selbstverständlich eine gute und gesunde Ernährung vorlebt, mit Spaß und Abwechslung.

Johanna Jahnke

Alles hat seine Zeit und vieles klingt erst mal unmöglich. Das Beste ist denke ich, flexibel und neugierig zu bleiben und positiv an die Dinge heranzugehen. Es wird immer wieder Situationen geben, in denen ihr oder eure Kinder vielleicht mal nicht 100% vegan sein könnt, aber davon geht weder die Welt unter noch betreibt ihr Verrat an eurer Überzeugung. Macht also das in eurer Situation Bestmögliche, bleibt begeistert von dem was ihr macht und ihr werdet euch wundern, wie ansteckend das sein kann.

Johanna ist 29 Jahre alt und Studentin (Lehramt für die Gymnasiale Oberstufe mit den Fächern Kunst und Englisch). Sie selbst lebt seit 11 Jahren vegan. Ihr Sohn L. ist fünf und ihre Tochter M. zwei Jahre alt, beide sind von Beginn an vegan.

Auf welche Dinge hast du aufgrund der veganen Lebensweise in der Schwangerschaft geachtet?

Während beider Schwangerschaften hatte ich einen absoluten Heißhunger auf Rohkost und habe unglaublich viel frisches Obst und Gemüse gegessen. Substituiert habe ich zusätzlich B12, Vitamin D und Omega 3 (z.B. Raps- oder Leinöl).

Hast du gestillt? Wie hast du dabei sichergestellt, dass deine Kinder alle wichtigen Nährstoffe erhalten?

Beide Kinder sind 12 Monate gestillt worden, sodass sie über die Muttermilch mit fast allen Nährstoffen ausreichend versorgt wurden. Bei L. bin ich in Bezug auf die Substitution von Vitamin D falsch beraten worden, sodass er einen Mangel entwickelt hatte, den wir aber rechtzeitig erkannt haben. Nun achte ich da besonders drauf, denn ähnlich wie beim B12 gibt es kaum pflanzliche Quellen über die man Vitamin D aufnehmen kann. Sonne allein reicht in unseren Breitengraden leider häufig nicht aus, insbesondere wenn die Kinder einen dunkleren Hauttyp haben.

Wann und wie hast du den Übergang zur ersten Beikost gestaltet? Was war dir dabei wichtig und hast du bezüglich der Nährstoffversorgung etwas Spezielles beachtet?

Meine Kinder sind langsam von Muttermilch auf normales Essen umgestiegen. Während L. sehr gern Gemüse-, Obst- und Getreidebreie gegessen hat, wollte M. eigentlich nur Rohkost. Bei L. habe ich dann besonders darauf geachtet, dass seine Breie durch gute Öle mit Omega 3 angereichert wurden und viel Hirse gekocht, damit er ausreichend mit Eisen versorgt ist. Bei M. war es etwas schwieriger, da sie nicht so richtig gern essen wollte und am liebsten auf Rohkost rumgeknabbert hat. Damals kannte ich mich mit Rohkosternährung leider noch nicht so gut aus, sonst hätte ich ihr vielleicht mehr anbieten können. So richtig gegessen hat M. dann erst, als sie die Nahrung selbst kauen konnte und Brei verweigert sie noch heute. Ansonsten bekommen die Kinder Reismilch, die mit Calcium angereichert ist. Aber hierbei ist es wichtig zu wissen, dass Kalzium ein Eisenblocker ist und die Reismilch somit getrennt vom (eisenhaltigen) Essen getrunken werden sollte.

Erhalten deine Kinder Nahrungsergänzungsmittel? Wenn ja: welche und wie oft?

Meine Kinder bekommen täglich ein veganes Multivitaminpräparat (1/2 Veg 1) und zusätzlich noch etwas Vitamin D (Sterogyl)

Wie vermittelst du deinen Kindern die vegane Lebensweise? Welche kindgerechten Erklärungen zum Thema Veganismus fandest du hilfreich?

Für meine Kinder ist es selbstverständlich vegan zu leben, weil sie es seit ihrer Geburt sind. Sehr genau wähle ich allerdings die Kinderbücher aus, denn es gibt einige sehr schöne Geschichten, in denen Tiere aus Gefangenschaft in Zoos oder aus Käfighaltung befreit werden. Toll wäre aber tatsächlich ein kleines Heftchen, in dem Veganismus kindgerecht erklärt wird. Gibt es meines Erachtens bisher noch nicht.

Welche Erfahrungen hat deine Familie mit „unveganen" Situationen, Menschen, Kindergärten, Schulen, Ärzten etc. gemacht? Welche Lösungen haben sich ergeben?

Da unsere Kinder in einer unveganen Welt aufwachsen, gerät man immer wieder in Situationen, in denen man sich erklären muss. Ich habe die Erfahrung gemacht, dass fast jedes „Problem" lösbar ist, wenn man offen und respektvoll mit seinen unveganen Mitmenschen umgeht, Begeisterung ausstrahlt und kompetent über die Besonderheiten der veganen Ernährung sprechen kann. In unserem Kindergarten wissen alle, dass wir vegan sind und respektieren das, weil sie wissen, dass wir sie ebenso respektieren, obwohl sie nicht vegan sind. Toll ist, dass wir unser Umfeld selbst durch dieses „passive" Veganseins beeinflussen und viele Menschen dazu bringen, ihre Ernährungsweise zu überdenken.

Gibt es eine Erfahrung, eine Information oder Ähnliches, das du noch unbedingt weitergeben willst?

Wie in allen Bereichen der Erziehung gilt auch beim Essen, dass sich die Kinder das Meiste unbewusst von dem Verhalten ihrer Eltern abschauen. Wir sind ihre größten Vorbilder und sollten uns dessen auch bewusst sein. Von Zwang halte ich überhaupt nichts, denn meistens wissen die Kinder selbst sehr gut, was ihr Körper gerade braucht.

Hier ist noch Platz für ein kurzes, prägnantes Statement über Vegan lebende Familien und Kinder!

Habt Vertrauen, dass sich die Welt ändern wird. Vor 15 Jahren bin ich VEGETARIERIN geworden und dachte „Jetzt bin ich anders, aber immerhin nicht so komisch wie die VEGANER". Vor elf Jahren bin ich dann VEGAN geworden und dachte „Das ist die einzig vernünftige Ernährungsweise, wenn man so wenig Schaden wie möglich in der Welt anrichten möchte. Ich bin anders, aber immerhin bin ich nicht so verrückt wie die ROHKÖSTLER". Vor zwei Jahren fragte mich dann jemand: „Johanna, bist du immer noch VEGAN oder schon ROH?" und ich habe gelacht… Vor einem Jahr fing ich dann an, immer mehr Rohkost in meine Ernährung zu integrieren und merkte wie gut mir das tat. Jetzt bin ich bis zu 95% ROH und mir geht es fantastisch damit. Nur ein Problem habe ich jetzt: Wer ist noch merkwürdiger?

Henriette

Es ist einfach das Ehrlichste, wenn man seine Kinder vegan erzieht. Kinder wollen ihren geliebten Tieren nämlich niemals weh tun.

Henriette ist 25 Jahre alt und arbeitet als Referendarin in einer Grundschule. Sie lebt seit fünf Jahren vegan und hat sich zuvor neun Jahre vegetarisch ernährt. Ihr Mann lebt seit zwei Jahren, ihre Tochter A. (vier Jahre alt) und ihr Sohn J. (ein Jahr alt) von Anfang an vegan.

Auf welche Dinge hast du aufgrund der veganen Lebensweise in der Schwangerschaft geachtet?

Ich habe versucht, mich besonders ausgewogen zu ernähren, was in der Schwangerschaft nicht immer ganz einfach ist. Zur Sicherheit habe ich ein Kombi-Vitamin-Präparat genommen, was vor allem B12 abgedeckt hat.

Hast du gestillt? Wie hast du dabei sichergestellt, dass deine Kinder alle wichtigen Nährstoffe erhalten?

Ja, meine Tochter habe ich zehn Monate voll gestillt und dann bis sie zweieinhalb Jahre alt war gelegentlich. Meinen Sohn stille ich noch, jedoch war er noch nie ein besonders genießendes Stillkind. Er trinkt zu selten, zu schnell, zu wenig, sodass wir seit seinem ersten Geburtstag zusätzlich Humana SL anbieten.
Ich habe auch in der Vollstillzeit weiter das oben genannte Kombi-Präparat genommen (Milupa Neovin Schlucktabletten), danach habe ich den Kindern B12 Tropfen und Sterogyl direkt gegeben.

Falls du nicht oder nur eine kurze Dauer gestillt hast: Was hast du deinen Kindern als Alternative zur Muttermilch angeboten?

A. bekam irgendwann nach dem ersten Geburtstag zum Stillen zusätzlich als Getränk Reismilch, die hat sie dann auch zum Einschlafen toleriert. J. bekommt Humana SL und Muttermilch parallel.

Wann und wie hast du den Übergang zur ersten Beikost gestaltet? Was war dir dabei wichtig und hast Du bezüglich der Nährstoffversorgung etwas Spezielles beachtet?

Es war bei beiden Kindern völlig verschieden. Mit sechs Monaten habe ich probiert A. ein bisschen Brei zu geben, aber sie konnte damit nichts anfangen. Dann haben wir es wochenweise probiert und mit zehn Monaten fing sie dann auch an zu essen – Obst-Getreide-Reismilchbrei. Mit ca. einem Jahr fing sie an, unsere Speisen zu essen, wir haben dann nur darauf geachtet, weniger zu würzen. Bei J. wollte ich es ähnlich machen. Aber mit fünf Monaten fing er schon an, am Tisch nach unserem Essen zu verlangen. Mit fünfeinhalb Monaten aß er richtige Mengen und ging dann sehr schnell dazu über, ganze Stücke selbst zu essen. Mit acht Monaten hat er nahezu alles von unserem Tisch mitgegessen. Teilweise war es sehr schön, dass er so selbstständig essen konnte, andererseits auch nervig, wenn er sich nicht mal unterwegs füttern ließ.
Ich habe darauf geachtet, dass die Lebensmittel aus Bioanbau kommen. Es gab oft Hirse, um die Eisenversorgung sicherzustellen und generell haben wir die Ernährung abwechslungsreich gestaltet.

Erhalten deine Kinder Nahrungsergänzungsmittel? Wenn ja: welche und wie oft?

A. nimmt eine halbe Veg1 pro Tag und bekommt zusätzlich Sterogyl (Vitamin D) Tropfen. J. bekommt pures Methylcobalamin (B12) und Sterogyl.

Wie vermittelst du deinen Kindern die vegane Lebensweise? Welche kindgerechten Erklärungen zum Thema Veganismus fandest du hilfreich?

A. hat früh gelernt, dass wir vegan leben. Sie kennt den Begriff und weiß, warum wir bestimmte Lebensmittel meiden. Wir sprechen nicht davon, dass die Tiere getötet werden, sondern dass ihnen weh getan wird. Und dass wir das nicht wollen. Tiere sind schließlich unsere Freunde. Wir sprechen offen und oft über das Thema, auch sie spricht es fast täglich an, wenn sie im Supermarkt Menschen sieht, die Eier in ihren Einkaufswagen packen oder in ähnlichen Situationen. Ich finde es vor allem unheimlich wichtig, den Kindern gegenüber ehrlich zu sein. Wie sollen sie sonst Vertrauen zu uns haben? Ehrlich ist es nicht, den Kindern zu verheimlichen, dass ihre geliebte Wurst aus ihren Freunden gemacht ist.

Welche Erfahrungen hat deine Familie mit „unveganen" Situationen, Menschen, Kindergärten, Schulen, Ärzten etc. gemacht? Welche Lösungen haben sich ergeben?

Sehr viele verschiedene Situationen:
1. Im Krankenhaus nach A.s Geburt wurde mir von der Kinderärztin verboten zu stillen, weil ich so angeblich nicht die Versorgung mit Calcium, Eisen und Vitamin B12 sicherstellen könne. Das steht so in unserem U-Heft. Obwohl ich sie darauf aufmerksam machte, dass ich oben genannte Vitamine und Co. supplementieren würde, blieb sie bei ihrer Meinung, dass unsere Tochter behindert würde, niemals sitzen oder sprechen könne. Wir haben diese schlecht informierte Empfehlung ignoriert und trotzdem gestillt.

2. Unsere Kinderärztin hat uns bei unserer Entscheidung unterstützt und ist bis heute begeistert von der Entwicklung der beiden Kinder. Die Blutbilder, die ich in verschiedenen Abständen einhole, sind immer völlig in Ordnung.

3. Unsere Tagesmütter haben ohne Probleme vegan für A. gekocht. Sie waren begeistert von ihrer Überzeugung. Teilweise stand sie beim Essen auf und sagte laut: „Also WIR essen kein Fleisch!"

4. Der erste Kindergarten, in dem wir einen tollen Platz hatten, hat sich geweigert, veganes Essen zu dulden, selbst wenn ich es mitgebracht hätte. Nach einem erfolglosen Gespräch haben wir den Platz schweren Herzens abgegeben.

5. Der heutige Kindergarten is(s)t vegetarisch, hat einen veganen Erzieher und eine super Köchin, die extra vegan kocht, wenn es das vegetarische Essen nicht eh schon ist.

Evelyn

Seid stolz und selbstbewusst und erzieht auch eure Kinder zu stolzen und selbstbewussten Menschen. Es geht um nichts weniger als um eine lebenswerte Zukunft für uns alle auf diesem Planeten!

Evelyn ist 35 Jahre alt und hat zwei Kinder im Alter von zehn und vier Jahren. Sie selbst und ihr Mann leben seit dem Jahr 2000 und ihre Kinder von Entstehung an vegan.

Auf welche Dinge hast du aufgrund der veganen Lebensweise in der Schwangerschaft geachtet?

Mehr als vorher auf die Aufnahme von B12, Eisen und Jod. Und darauf, genug Literatur zu lesen, um alle Zweifel anderer Leute an einer veganen Schwangerschaft auszuräumen.

Hast du gestillt? Wie hast du dabei sichergestellt, dass deine Kinder alle wichtigen Nährstoffe erhalten?

Ich habe beide Kinder gestillt. Meinen Sohn acht Monate, meine Tochter zwei Jahre. Während des Stillens habe ich meinem Sohn bereits B12-Tropfen in den Mund geträufelt, bei meiner Tochter ins Essen gerührt.

Wann und wie hast du den Übergang zur ersten Beikost gestaltet? Was war dir dabei wichtig und hast du bezüglich der Nährstoffversorgung etwas Spezielles beachtet?

Puh, das ist alles schon so lange her… ab dem sechsten Monat habe ich bei beiden angefangen. Bei meinem Sohn waren das teilweise die klassischen Gemüse- und Obstgläschen und Hirsebrei mit der Sojasäuglingsnahrung und selbstgekochte Breie, meine Tochter verweigerte Flasche, Schnuller und Hirsebrei. Da war also nicht viel mit „ab dem sechsten Monat". Obstgläschen gingen teilweise, aber ich habe bis zum ersten Lebensjahr sehr viel gestillt, fast voll. In der Krippe wurde es dann mit Obststücken und veganen warmen Mittagessen so nach und nach besser. Bei beiden habe ich zusätzlich Vitamin B12-Tropfen ins Essen gegeben, und darauf geachtet, dass sie viel an die frische Luft kommen, zur Vitamin D-Bildung. Bei meinem ersten Kind habe ich auch noch viel mehr darauf geachtet, die Eisenversorgung sicherzustellen, durch Hirsebrei, Mandelmus und gepoppten Amaranth beispielsweise. Meine Tochter hat sich da das meiste aus der Muttermilch geholt, schätze ich.

Erhalten deine Kinder Nahrungsergänzungsmittel? Wenn ja: welche und wie oft?

Zurzeit bekommen beide Vitamin-Tabletten in Bärchenform von dm, und zwar täglich. Ich bin gerade am überlegen ob die Veg1-Tabletten besser wären, oder zwei einzelne vegane Präparate für B12 (z.B. B12 Tropfen oder Methyl-B12 Kautabletten) und Vitamin D (z.B. Vitashine D3 Spray oder Sterogyl).

Wie vermittelst du deinen Kindern die vegane Lebensweise? Welche kindgerechten Erklärungen zum Thema Veganismus fandest du hilfreich?

Grundsätzlich haben wir den Kindern von klein auf erklärt, dass wir Veganer sind und keine Tiere essen oder Tierprodukte. Beim Einkaufen zeig(t)e ich ihnen vegane und unvegane Produkte, und wie man sie erkennen kann, z.B. dass auf der Kuhmilch meistens eine Kuh drauf gemalt ist. Auch häufig vorkommende Süßigkeiten, die Kinder angeboten bekommen, habe ich ihnen gezeigt, und ihnen erklärt, ob sie vegan sind, oder nicht.

Als sie kleiner waren, habe ich ihnen erzählt, dass das den Tieren „Aua" macht, wenn man ihr Fleisch isst; dass die Kuhmilch für die Kälbchen ist, und die Milch der Mama weggenommen/gestohlen wird, und dass die Hühner die Eier auch behalten wollen. Später wurde es dann differenzierter, Themen wie Tod, Freiheit, artgerechtes Leben in kindgerechter Sprache kamen dann dazu. Bilderbücher können hilfreich sein. Ich habe alle Verwandten und Bekannten gebeten, uns keine Bücher über Bauernhöfe und Zirkusse zu schenken, weil diese Bücher ja verlogen ohne Ende sind. Manchmal hatten wir solche Bücher dann aber doch zu Hause, weil die Kinder sie unbedingt aus der Bücherei mitnehmen wollten. Anhand dieser Bücher habe ich den Kindern erzählt, was eigentlich passiert; dass es auf einem echten Bauernhof so gar nicht aussieht, und dass da nirgendwo steht, was mit den Tieren am Ende geschieht. Zwei pro - vegane Bücher, die ich an dieser Stelle unbedingt erwähnen möchte sind „Warum wir keine Tiere essen" von Ruby Roth und, dass wesentlich unbekanntere, aber auch super geschriebene „Das Lamm, das zum Essen kam" von Steve Smallman. In der Geschichte (ab drei Jahren geeignet) klopft ein kleines Lamm bei einem alten, hungrigen Wolf an die Tür. Eigentlich will der Wolf das Lamm fressen, aber da das Lamm lieb und nett ist, werden sie am Ende Freunde und der Wolf macht am Schluss statt seines geplanten Lammgerichts einen Gemüseeintopf. Dazu ist das Buch super gezeichnet und witzig geschrieben.

Kinder mögen Tiere. Und wenn man ihnen erzählt, was den Tieren schadet, dann wollen sie es eigentlich selber nicht mehr. Vor allem hilfreich finde ich es, zu erklären, wie die Tiere eigentlich leben wollen, und wie sie in Wirklichkeit leben müssen, weil die Menschen sie dazu zwingen. Sich in die Tiere hineinzuversetzen, ist auch ein guter Ansatz („Stell dir vor, du wärst den ganzen Tag in deinem Zimmer eingesperrt und dürftest nie raus" als Beispiel). Im Schulkindalter kann man dann schon auch Fotos und Filme ansehen, da muss aber jeder selbst entscheiden, was er seinem Kind wann zumuten möchte oder kann.

Welche Erfahrungen hat deine Familie mit „unveganen" Situationen, Menschen, Kindergärten, Schulen, Ärzten etc. gemacht? Welche Lösungen haben sich ergeben?

Krippe:
Die Krippe war eine Studenteninitiative, die Eltern kochten nach einem vorgegebenen Sechs- Wochen-Kochplan, der viel Vegetarisches enthielt. Entweder hat der Kochdienst meinen Kindern eine vegane Abwandlung des Essens zubereitet oder ich habe ganz oder teilweise Ersatz mitgebracht. Bei Geburtstagen habe ich auch Kuchen oder Muffins gebacken und vorher die Eltern gefragt, was sie für einen Kuchen machen, damit meiner ähnlich aussieht, das habe ich im Übrigen auch beim Mittagessen so gemacht. Zum Frühstück gab es dankenswerterweise immer Obst, das war also kein Problem.

Kindergarten:
Bei meinem Sohn war es noch so, dass jeder sein Frühstück und Mittagessen selber mitbringen musste. Das Mittagessen wurde dann in der Mikrowelle erwärmt, das war überhaupt kein Thema. Geburtstagskuchen oder Süßigkeiten zum Geburtstag waren seitens des Kindergartens unerwünscht, 25 x im Kindergartenjahr Süßkram war denen einfach zuviel. Zudem fanden sie es wegen der Allergiker-Kinder und Moslems auch zu anstrengend. In diesem Kindergarten kann man stattdessen Spielzeug-Aktien kaufen, d.h. die Eltern spenden 2 € pro Aktie, und wenn damit ein komplettes Buch oder Spiel finanziert ist, bekommt es die Gruppe.

Als meine Tochter in den Kindergarten kam, hatten sie beim Mittagessen leider umgestellt. Es gibt das übliche Lieferessen, was zu 100 % unvegan ist. Wenigstens ist man nicht gezwungen, über Mittag dieses Essen zu kaufen, sondern kann ein kaltes Mittagessen mitgeben. Ich habe aber für mein Kind durchgesetzt, ihm eine Thermobox mit Mittagessen mitzugeben, da wir ja nie die Möglichkeit haben, etwas Warmes zu bestellen. Das hat man dort auch akzeptiert.

Schule:
In der Schule meines Sohnes wird überhaupt kein Essen angeboten, es gibt nicht mal Automaten. Zweimal im Jahr machen sie ein gesundes Frühstück, bei der klassenweise entweder Brötchen geschmiert oder Gemüse geschnibbelt wird und mein Sohn nimmt sich dann vegane Sachen und hat auch noch eigenes Zeug dabei.

Hort:
Dort kann man individuell entscheiden. Entweder selber Mittagessen mitbringen, und dort warm machen lassen, kaltes Essen mitbringen, Lieferessen. Also bekommt mein Sohn jeden morgen eine Box mit Mittagessen mit, die er sich dann im Hort warmmachen lässt. Sämtliche Ärzte, Erzieherinnen, Lehrerinnen, denen wir bisher begegnet sind, waren bis auf einen Kinderarzt, den wir dann gewechselt haben, zum Thema Veganismus absolut aufgeschlossen und verständnisvoll. Sie haben alle akzeptiert, dass wir so leben, ich habe betont, dass es eine moralische Entscheidung ist, und dass ich möchte, dass das toleriert wird. Ich habe vor allem in den Einrichtungen gesagt, dass ich meine Kinder nicht isolieren oder zu Außenseitern machen möchte und darum gebeten, dass man mich informiert, wenn es was unveganes zum Essen gibt etc. Ich habe die Erfahrung gemacht, dass die alle immer sehr dankbar waren, wenn man sich aktiv gekümmert hat, denn diese Leute wollen auch nur eines, nämlich eine harmonische Gruppe und keinen Stress mit unguten Situationen für die Kinder oder sich.

Sprich: Gute Vorbereitung auf Situationen mit unveganem Inhalt sind das A und O. Den Kindern beibringen, wie man reagiert, wenn man etwas Unveganes angeboten bekommt; immer genug vegane Ersatzsüßigkeiten bei der Hand haben (z.B. den Inhalt von Nikolausstiefeln und Osternestern erfragen), sich vorher überlegen, was man dem Kind „erlauben" will und was nicht (z.B. Basteln mit nicht-veganem Material: Ja oder Nein? Ersatz? Weihnachtsplätzchen mitbacken? Zoobesuche?), bzw. eine Meinung zu solchen Themen haben.

Gibt es eine Erfahrung, eine Information oder Ähnliches, das du noch unbedingt weitergeben willst?

Ja, ich habe die Erfahrung gemacht, dass man mit seinen Aufgaben wächst. Natürlich haben mir alle prophezeit, dass es nie klappen würde, meine Kinder vegan zu erziehen, und das es für die Gesundheit meiner Kinder schädlich sei. Nun, mittlerweile ist mein Sohn zehn Jahre alt und immer noch Veganer. Er ist überdurchschnittlich groß für sein Alter, macht viel Sport und hat überdurchschnittlich gute Noten, liest viel, war letztes Jahr Klassensprecher, ist sowohl in der Schule als auch im Hort und im Sport voll integriert. Sowohl die Hort-Freizeit mit Selbstverpflegung als auch die Klassenfahrt in eine Jugendherberge haben wir vegan hinbekommen, und nein, es gab keine blöden Kommentare zu seinem Essen. Die gab es im Übrigen noch nie.

Meine viereinhalbjährige Tochter M. ist auch sehr selbstbewußt. Einmal sagte sie zu ihrer Tanzlehrerin: „Wenn alle Menschen Veganer wären, dann sähe die Welt viel besser aus!" Die Tanzlehrerin war davon so beeindruckt, dass sie es mir gleich erzählt hat.

Klar gibt es manchmal auch negative Erlebnisse für die Kinder. Wenn sie toll aussehendes Essen nicht haben können, weil es nicht vegan ist, als Beispiel. Ich erinnere immer daran, warum wir es nicht haben „können", und das hilft. Traumatisiert haben sie solche Erlebnisse jedenfalls nicht.

Bei beiden Kindern finden es die Erzieherinnen und Lehrerinnen immer sehr auffällig, dass sie eine feste Meinung haben und daran unbeirrt festhalten und dazu stehen, Rückgrat haben, auch wenn alle Anderen anders denken (auch, wenn es nicht um Veganismus geht). Ich denke, das ist ein direktes Ergebnis unserer Erziehung.

Selbstbewusstes und freundliches Auftreten gegenüber den Leuten, die sich um eure Kinder kümmern, versetzt Berge! Kommt weder als Bittstellerinnen angekrochen, noch lasst eure Aggressionen an der „tiermordenden Kindergärtnerin" aus! Versteckt euren Veganismus nicht, lügt nicht, wenn es nicht unbedingt sein muss. Der Spagat, in einer speziestischen, unveganen Gesellschaft zu leben und trotzdem mit den Menschen um einen herum im Guten zu leben, ist nicht immer einfach. Aber er ist machbar.

Lieblingsrezepte der vegan lebenden Familien

Grüner Smoothie

Kinder lieben Smoothies, was sehr praktisch ist. Ich mache gern einen grünen Smoothie aus einer Banane, einer Kiwi, einem Apfel, Babyspinat und Wasser. Dazu werden die Zutaten in einem Behälter püriert. Das ergibt ca. einen ¾ Liter, je nachdem, wie die Konsistenz sein soll. Der Anteil an Babyspinat sollte möglichst hoch sein, aber es macht Sinn mit einer kleinen Menge (ca. zwei Händen voll) anzufangen, um sich daran zu gewöhnen. Geht auch mit Tiefkühlspinat.

Schnelle vegane Erbsensuppe

- 750 g TK-Erbsen, aber Premiumerbsen, die nur eine super kurze Kochzeit haben (3 Minuten)
- 3 große Karotten, in Halb-Scheiben
- 5 mittelgroße Kartoffeln, geschält und gewürfelt
- 1 Zwiebel, gehackt
- 200 g vegane Würstchen
- 1 l Gemüsebrühe
- 1 EL Margarine
- 2 Lorbeerblätter
- 2 EL gefr. Petersilie
- etwas Brühepulver
- Salz, Pfeffer

Brühe mit Karotten, Kartoffeln, Zwiebel und Lorbeerblättern zum Kochen bringen und ca. 30 Minuten bei geringer Hitze köcheln lassen. Erbsen hinzugeben und 3 Minuten weiter köcheln lassen. Etwa die Hälfte der Suppe in einen anderen Topf geben, Lorbeerblätter entfernen und schön cremig durchpürieren. Beides wieder zusammengeben, vegane Würstchen, Margarine und Petersilie hinzufügen und mit Brühepulver, Salz und Pfeffer abschmecken. Fertig.
(Quelle: Laubfresser – vegane Rezepte aus dem Alltag, Lenas's und Lutz' veganer Rezepteblog, www.laubfresser.de)

Babykuchen

(eignet sich wunderbar zum 1. Geburtstag)

- 300 g Vollkornmehl
- 80-100 g Agavendicksaft
- 250 ml Reismilch
- 125 ml Sonnenblumenöl
- 1 TL Natron
- optional Obstbrei, Fruchtmus, Banane, Äpfel, Birne

Mehl und Natron vermischen. In einem anderen Gefäß Reismilch, Öl und Agavendicksaft verrühren, dann zu dem Mehl-Natron-Gemisch geben.
Ich matsche am liebsten eine reife Banane und schneide zwei kleine Äpfel in Stückchen, was ich dann dem Teig zufüge. Man kann aber bei Zeitmangel auch einfach ein Babygläschen nehmen.
Den kompletten Teig in eine gefettete Springform füllen und bei 220° 50-55 Minuten backen.

Nährstofftabelle

Was:	Vitamin B6 (Pyridoxin)	Folsäure	Vitamin B12 (Cobalamin)	Vitamin C (Ascorbinsäure)
Enthalten in:	Hefe Avocados Vollkornprodukte (v.a. Weizenkeime) Kartoffeln Feldsalat Kichererbsen Spinat Walnüsse Mais, Bananen Melonen	grünblättriges Gemüse (v.a. Kohlsorten) Vollkornprodukte (v.a. Weizenkeime) Spargel Hülsenfrüchte Karotten Tomaten Sojasprossen Orangensaft	Auf B12-Nährboden gewachsene Hefe angereicherte Frühstücksflocken angereicherte Fleischalternativen angereicherte Pflanzendrinks Nahrungsergänzungsmittel	Acerolakirsche Hagebutten Sanddorn schwarze Johannisbeere grünblättriges Gemüse (v.a. Grünkohl und Rosenkohl) Paprika, Kiwis Zitrusfrüchte
Wichtig für:	• Eiweißstoffwechsel • Hämoglobinproduktion • setzt Glykogen für Muskelenergie frei • wird für das Nervensystem und Gehirn benötigt • kann nicht lange vom Körper gespeichert werden, wasserlöslich	• Bildung von DNA und RNA • wirkt mit B12 für die Aminosäureentstehung • erforderlich für die Entwicklung von Blutkörperchen • kann nicht lange vom Körper gespeichert werden, licht-, sauerstoff- und hitzeempfindlich, wasserlöslich	• Zellstoffwechsel • wirkt mit Folsäure an der Bildung roter Blutkörperchen mit • Wachstum • Funktionsfähigkeit des Nervensystems und des Erbguts • wasserlöslich	• Bildung von Kollagen, Knochen und Zähnen • unterstützt Resorption von Eisen • Immunsystem • Wundheilung • kann nicht lange vom Körper gespeichert werden, wasserlöslich
Referenzwerte mit Altersangabe:	0 - unter 4 Monate: 0,1 mg/Tag 4 - unter 12 Monate: 0,3 mg/Tag 1 - unter 4 Jahre: 0,4 mg/Tag 4 - unter 7 Jahre: 0,5 mg/Tag 7 - unter 10 Jahre: 0,7 mg/Tag 10 - unter 13 Jahre: 1,0 mg/Tag 13 - unter 15 Jahre: 1,4 mg/Tag	0 - unter 4 Monate: 60 µg/Tag 4 - unter 12 Monate: 80 µg/Tag 1 - unter 4 Jahre: 200 µg/Tag 4 - unter 7 Jahre: 300 µg/Tag 7 - unter 10 Jahre: 300 µg/Tag 10 - unter 13 Jahre: 400 µg/Tag 13 - unter 15 Jahre: 400 µg/Tag	0 - unter 4 Monate: 0,4 µg/Tag 4 - unter 12 Monate: 0,8 µg/Tag 1 - unter 4 Jahre: 1,0 µg/Tag 4 - unter 7 Jahre: 1,5 µg/Tag 7 - unter 10 Jahre: 1,8 µg/Tag 10 - unter 13 Jahre: 2,0 µg/Tag 13 - unter 15 Jahre: 3,0 µg/Tag	0 - unter 4 Monate: 50 mg/Tag 4 - unter 12 Monate: 55 mg/Tag 1 - unter 4 Jahre: 60 mg/Tag 4 - unter 7 Jahre: 70 mg/Tag 7 - unter 10 Jahre: 80 mg/Tag 10 - unter 13 Jahre: 90 mg/Tag 13 - unter 15 Jahre: 100 mg/Tag

Was:	**Vitamin A** (Axerophtol, Retinol)	**Vitamin B1** (Thiamin)	**Vitamin B2** (Riboflavin)	**Vitamin B3** (Niacin)
Enthalten in:	Süßkartoffeln Karotten dunkelgrünes Blattgemüse Orangen Mangos getrocknete Aprikosen Melonen	Hefe Sonnenblumenkerne Vollkornprodukte Weizenkeime Hülsenfrüchte rohe Erdnüsse	Hefe Hefeextrakt Vollkornprodukte (v.a. Weizenkeime) Brokkoli Spinat, Spargel Mandeln Hülsenfrüchte Avocados Pilze	Hefe Hefeextrakt Vollkornprodukte (v.a. Weizenkeime) Pilze, Erdnüsse Sesamsamen Sojaprodukte getrocknete Aprikosen Pflaumen Datteln
Wichtig für:	• Gesundheit von Haut und Schleimhäuten • Knochenentwicklung • Fortpflanzung • Bildung von Blutkörperchen • Sehvermögen • Funktion des Immunsystems, Eiweiß- und Fettstoffwechsel • licht- und sauerstoffempfindlich, fettlöslich	• Energiestoffwechsel: • Verbrennung von Kohlenhydraten -> Kondition, Konzentration und mentale Gesundheit • notwendig für Magensäureproduktion • kann nicht lange vom Körper gespeichert werden, hitzeempfindlich, wasserlöslich	• Stoffwechsel-> Zellatmung, Haut, Haare, Nägel, Sehschärfe, Wachstum, Fitness • lichtempfindlich	• Eiweiß-, Fett- und Kohlenhydratstoffwechsel -> Regeneration der Haut, Muskeln, Nerven und DNA
Referenzwerte mit Altersangabe:	0 - unter 4 Monate: 0,5 mg/Tag 4 - unter 12 Monate: 0,6 mg/Tag 1 - unter 4 Jahre: 0,6 mg/Tag 4 - unter 7 Jahre: 0,7 mg/Tag 7 - unter 10 Jahre: 0,8 mg/Tag 10 - unter 13 Jahre: 0,9 mg/Tag 13 - unter 15 Jahre: m: 1,1 mg/Tag w: 1,0 mg/Tag	0 - unter 4 Monate: 0,2 mg/Tag 4 - unter 12 Monate: 0,4 mg/Tag 1 - unter 4 Jahre: 0,6 mg/Tag 4 - unter 7 Jahre: 0,8 mg/Tag 7 - unter 10 Jahre: 1,0 mg/Tag 10 - unter 13 Jahre: m: 1,2 mg/Tag w: 1,0 mg/Tag 13 - unter 15 Jahre: m: 1,4 mg/Tag w: 1,1 mg/Tag	0 - unter 4 Monate: 0,3 mg/Tag 4 - unter 12 Monate: 0,4 mg/Tag 1 - unter 4 Jahre: 0,7 mg/Tag 4 - unter 7 Jahre: 0,9 mg/Tag 7 - unter 10 Jahre: 1,1 mg/Tag 10 - unter 13 Jahre: m: 1,4 mg/Tag w: 1,2 mg/Tag 13 - unter 15 Jahre m: 1,6 mg/Tag w: 1,3 mg/Tag	0 - unter 4 Monate: 2 mg/Tag 4 - unter 12 Monate: 5 mg/Tag 1 - unter 4 Jahre: 7 mg/Tag 4 - unter 7 Jahre: 10 mg/Tag 7 - unter 10 Jahre: 12 mg/Tag 10 - unter 13 Jahre: m: 15 mg/Tag w: 13 mg/Tag 13 - unter 15 Jahre: m: 18 mg/Tag w: 15 mg/Tag

Was:	Calcium	Magnesium	Phosphor	Jod
Enthalten in:	Mohn, Sesam Mandeln getrocknete Feigen Tofu, angereicherte Pflanzendrinks dunkelgrünes Blattgemüse (v.a. Grünkohl, Petersilie, Löwenzahn und Rucola)	alle grünblättrigen Gemüsesorten Amaranth Vollkornprodukte Sojamehl Maismehl Nüsse Kürbiskerne Sonnenblumenkerne Leinsamen Datteln	Bierhefe Weizenkeime Hülsenfrüchte Getreide Nüsse Sonnenblumenkerne Kürbiskerne	Seegras (Nori, Kelp, Wakame, Nijiki) Meersalz jodiertes Tafelsalz Getreide Gemüse
Wichtig für:	• Stabilität von Knochen und Zähnen • Nerven • Muskelzellen • Blutgerinnung • Aktivierung einiger Enzyme und Hormone	• Aufbau von Knochen und Zähnen • Membranstabilisierung • Nervensystem • Energiestoffwechsel	• Knochen- und Zahnaufbau • Kontrolle des Stoffwechsels	• Produktion von Schilddrüsenhormonen • Gesundheit von Haut, Haaren und Nägeln
Referenzwerte mit Altersangabe:	0 - unter 4 Monate: 220 mg/Tag 4 - unter 12 Monate: 400 mg/Tag 1 - unter 4 Jahre: 600 mg/Tag 4 - unter 7 Jahre: 700 mg/Tag 7 - unter 10 Jahre: 900 mg/Tag 10 - unter 13 Jahre: 1100 mg/Tag 13 - unter 15 Jahre: 1200 mg/Tag	0 - unter 4 Monate: 24 mg/Tag 4 - unter 12 Monate: 60 mg/Tag 1 - unter 4 Jahre: 80 mg/Tag 4 - unter 7 Jahre: 120 mg/Tag 7 - unter 10 Jahre: 170 mg/Tag 10 - unter 13 Jahre: m: 230 mg/Tag w: 250 mg/Tag 13 - unter 15 Jahre: m: 310 mg/Tag w: 310 mg/Tag	0 - unter 4 Monate: 120 mg/Tag 4 - unter 12 Monate: 300 mg/Tag 1 - unter 4 Jahre: 500 mg/Tag 4 - unter 7 Jahre: 600 mg/Tag 7 - unter 10 Jahre: 800 mg/Tag 10 - unter 13 Jahre: 1250 mg/Tag 13 - unter 15 Jahre: 1250 mg/Tag	Referenzwerte Deutschland: 0 - unter 4 Monate: 40 µg/Tag 4 - unter 12 Monate: 80 µg/Tag 1 - unter 4 Jahre: 100 µg/Tag 4 - unter 7 Jahre: 120 µg/Tag 7 - unter 10 Jahre: 140 µg/Tag 10 - unter 13 Jahre: 180 µg/Tag 13 - unter 15 Jahre: 200 µg/Tag

Was:	**Vitamin D** (Calciferol)	**Vitamin E** (Tocopherol)	**Vitamin B7** (Biotin)	**Vitamin K** (Phyllochinon)
Enthalten in:	Sonnenlicht angereicherte Lebensmittel (achte auf D2, D3 ist oft nicht vegan)	Keimöle und kaltgepresste Speiseöle guter Qualität (v.a. Weizenkeimöl und Sonnenblumenöl) Nüsse Samen Vollkornprodukte	Nüsse Sojabohnen Avocados Spinat Pilze Linsen	grünes Gemüse (v.a. Grünkohl, Rosenkohl, Brokkoli, Salat, Spinat, Kresse) Weißkohl Haferflocken Kiwis, Tomaten Sojaöl, Rapsöl Mais
Wichtig für:	• Knochenentwicklung • Aufnahme von Calcium und Phosphor • fettlöslich	• schützt vor freien Radikalen • verhindert das Verklumpen von Blutplättchen • Bildung roter Blutkörperchen • fettlöslich	• Stoffwechsel • Zellwachstum und -teilung • Abbau von Amino- und Fettsäuren • wasserlöslich	• Blutgerinnung • Knochenstoffwechsel • Zellwachstumsregulierung • schützt vor Gefäßverkalkung • lichtempfindlich, fettlöslich
Referenzwerte mit Altersangabe:	Vitamin D bei fehlender endogener Synthese: Säuglinge (0 – unter 12 Monate): 10 µg/Tag Kinder (1 – unter 15 Jahre): 20 µg/Tag	0 - unter 4 Monate: 3 mg/Tag 4 - unter 12 Monate: 4 mg/Tag 1 - unter 4 Jahre: m: 6 mg/Tag w: 5 mg/Tag 4 - unter 7 Jahre: m: 8 mg/Tag w: 8 mg/Tag 7 - unter 10 Jahre: m: 10 mg/Tag w: 9 mg/Tag 10 - unter 13 Jahre: m: 13 mg/Tag w: 11 mg/Tag 13 - unter 15 Jahre: m: 14 mg/Tag w: 12 mg/Tag	0 - unter 4 Monate: 5 µg/Tag 4 - unter 12 Monate: 5-10 µg/Tag 1 - unter 4 Jahre: 10-15 µg/Tag 4 - unter 7 Jahre: 10-15 µg/Tag 7 - unter 10 Jahre: 15-20 µg/Tag 10 - unter 13 Jahre: 20-30 µg/Tag 13 - unter 15 Jahre: 25-35 µg/Tag	0 - unter 4 Monate: 4 µg/Tag 4 - unter 12 Monate: 10 µg/Tag 1 - unter 4 Jahre: 15 µg/Tag 4 - unter 7 Jahre: 20 µg/Tag 7 - unter 10 Jahre: 30 µg/Tag 10 - unter 13 Jahre: 40 µg/Tag 13 - unter 15 Jahre: 50 µg/Tag

Was:	Eisen	Selen	Zink
Enthalten in:	Hülsenfrüchte Hirse, Weizenkeime Haferflocken Roggenvollkornbrot Pfifferlinge, Spinat Kürbiskerne Zuckerrübensirup Sesam, Tofu, Quinoa Hafer, Ingwer getrocknete Früchte	Sonnenblumenkerne Vollkornprodukte Sojabohnen Leinsamen Hülsenfrüchte Paranüsse Weizenkeime Melasse Knoblauch	Ölsaaten (Kürbiskerne, Sonnenblumenkerne, Sesam, Mohn) Vollkornprodukte Weizenkeime Pilze, Hefe Erdnüsse, Mandeln Weizen, Quinoa Bohnen
Wichtig für:	• Sauerstofftransport im Blut • Cofaktor für mehrere Enzyme • Immunsystem • Muskelaktivität • psychische Leistungsfähigkeit	• Produktion von Enzymen (Schilddrüsenhormone) • Immunsystem • Neutralisierung freier Radikale	• Stoffwechsel • Gesundheit von Haut, Haaren und Nägeln • Funktion verschiedener Hormone (u.a. für die Fortpflanzung)
Referenzwerte mit Altersangabe:	0 - unter 4 Monate: 0,5 mg/Tag 4 - unter 12 Monate: 8 mg/Tag 1 - unter 4 Jahre: 8 mg/Tag 4 - unter 7 Jahre: 8 mg/Tag 7 - unter 10 Jahre: 10 mg/Tag 10 - unter 13 Jahre: m: 12 mg/Tag w: 15 mg/Tag 13 - unter 15 Jahre: m: 12 mg/Tag w: 15 mg/Tag	0 - unter 4 Monate: 5-15 µg/Tag 4 - unter 12 Monate: 7-30 µg/Tag 1 - unter 4 Jahre: 10-40 µg/Tag 4 - unter 7 Jahre: 15-45 µg/Tag 7 - unter 10 Jahre: 20-50 µg/Tag 10 - unter 13 Jahre: 25-60 µg/Tag 13 - unter 15 Jahre: 25-60 µg/Tag	0 - unter 4 Monate: 1,0 mg/Tag 4 - unter 12 Monate: 2,0 mg/Tag 1 - unter 4 Jahre: 3,0 mg/Tag 4 - unter 7 Jahre: 5,0 mg/Tag 7 - unter 10 Jahre: 7,0 mg/Tag 10 - unter 13 Jahre: m: 9,0 mg/Tag w: 7,0 mg/Tag 13 - unter 15 Jahre: m: 9,5 mg/Tag w: 7,0 mg/Tag

Quellen: Nährstofftabelle, compassion media 2009. Referenzen: Vegan Nutrition, G. R. Langley; St. Leonards-on-Sea 1995, Plant Based Nutrition and Health, Stephen Walsh PhD, St. Leonards-on-Sea 2003
Referenzwerte: Die Referenzwerte für die Nährstoffzufuhr D-A-CH Referenzwerte der DGE, ÖGE, SGE/SVE Stand: 11.06.2012
Die noch ausführlichere Tabelle der Werte findet sich fortlaufend aktuell auf der Internetseite der Deutschen Gesellschaft für Ernährung (DGE).
Die aufgeführten Informationen stellen keine individuelle oder professionelle Ernährungsempfehlung dar. Für Richtigkeit und Vollständigkeit wird keine Garantie übernommen.

Rezept- und Stichwortverzeichnis

A
Allergien	15
Apfelkompott	89
Apfelpfannkuchen	83
Aufstriche	94 ff.
Ausstechplätzchen	111 ff.
Ausstech-Tofu	33
Avocadocreme	96

B
Beikoststart	17
Brei	18
Brokkolicremesuppe	46
Brot	104
Buchweizenpfannkuchen mit Füllung	88

C
Calcium	9
Cashewcreme	26
Cuisine	25

D
Dinkelgrießbrötchen	110
Dinkelstangen zum Knabbern	30

E
Eis	90
Eisen	9
Elektrolytlösung	130
Erbsensauce	80
Erfahrungen vegan lebender Familien	134 ff.
Erkältung	131
Essentielle Fettsäuren	11

F
Feste feiern	127 ff.
Fieber	131
Fingerfood	29 ff.

G
Gebäck	103 ff.
Geburtstag	127
Gefüllte Blätterteigtaschen	60
Gemüsebrei	21
Gemüsepfannkuchen	86
Gemüseplatte	32
Getreidebrei	22
Gluten	25
Grüne Sauce	80

H
Hafercreme	26
Hauptspeisen	57 ff.
Hirsesuppe	50
Hustensaft	131

K
Kartoffelecken	34
Kartoffel-Hierse-Puffer	62
Kartoffelsuppe	56
Kranke Kinder	129 ff.
Kürbis-Kokos-Suppe	52

L
Lasagne	70 f.
Laugengebäck	106
Lebensmittelauswahl	14
Lebkuchen	116
Linsenaufstrich	100
Linsensauce	81
Linsen-Tofu-Bratlinge	63

M

Magen-Darm-Infekt	130
Mandelcreme	102
Möhren-Apfelsalat	36
Möhren-Aprikosen-Reis	64
Möhren-Kartoffel-Apfel-Eintopf	74
Möhren-Mandel-Muffins	124
Muffins	120
Müslipfannkuchen	84

N

Nachtische	89 ff.
Nahrungsergänzung	12 f.
Nährstoffe	8 ff.
Nährstofftabelle	146 ff.
Nudelsalat	40
Nudelsuppe	54

O

Obstbrei	21
Ostern	128

P

Pfannkuchen	82 ff.
Pflanzenmilchbrei	22
Pflanzlicher Frischkäse	95
Pizzatoreletts	68
Pommes mit Tofuschnitzeln	66
Proteine	11

R

Reis mit Linsen und Rosinen	58
Reis-Salat	42
Rohkostschnitze mit Dip	32
Rosinenbrötchen	108
Rote-Bete-Suppe	44

S

Saftiger Blechkuchen	126
Salate	35 ff.
Saucen	75 ff.
Schokokuchen	118
Schoko-Nuss-Creme	102
Shake	89
Sojabolognese	76
Sojagulasch	72
Spritzgebäck	114
Studentenfutter-Aufstrich	101
Suppen	43

T

Tomaten-Gurken-Tofusalat	38
Tomatenstreich	98
Trockenfruchtbällchen	92
Trinken	20

V

Vegan-Pass	132 f.
Verstopfung	130
Vitamin B12	10 f.
Vitamin D	10

W

Waffeln	122
Weihnachten	127

Z

Zucchinisuppe	48
Zuckeralternativen	26 f.

„Schade dass es kein deutschsprachiges Buch über vegane Kinderernährung gibt, in dem vom ersten Brei bis zu den festen Mahlzeiten alles drin steht."

„Dann schreib du doch einfach eins!"

Inmitten eines turbulenten Alltags mit einem kleinen Kind ein Buch zu schreiben klingt nach einer spannenden Herausforderung, und so war es auch…

Zwischen Bauklötzen, Fingerfarben, Püppchen, Laufradtouren, Spielgruppen, Toben und Purzelbaum, Kuscheln, Gute-Nacht-Geschichten, Waldausflügen, Zähneputzen, Kochen und vielem mehr, habe ich die Zeit gefunden, das vorliegende Werk zu vollenden. Das Stativ für die Kamera war ein beliebtes Spielzeug, auf einer gebastelten Speicherkarte wurden Phantasiefotos der Gerichte festgehalten. Bei den Kochaktionen mit anschließendem gemeinsamem Verzehr habe ich mich so manches Mal gewundert, wie viel eigentlich in den Magen eines kleinen Kindes passt…zum Glück hatte ich danach stets tatkräftige Unterstützung beim Abwaschen durch meinen Liebling.

Schreiben wird zu einem Erlebnis, wenn Kinderhände auf der Tastatur mithelfen wollen und nebenbei ein selbstgedichtetes Lied angestimmt wird.

Nun endet diese Zeit, und ich stelle mir vor, wie andere Menschen mit ihren Kindern inmitten ihres turbulenten Alltags die Rezepte dieses Buches nachkochen und vielleicht ähnlich bereichernde Erlebnisse und Gedanken haben wie ich.

Danksagung

Danke an meine Tochter, die mich zu den Rezepten inspirierte und eine hervorragende Testesserin war. Ihre Worte: „Hmmm Mama, schmeckt das lecker!" waren stets eine gute Motivation.

Bedanken möchte ich mich bei Marianne, Nico, Eva und meinen Eltern dafür, dass sie sich in der Zeit meines Schreibens liebevoll und zuverlässig um meine Tochter gekümmert haben.

Nico und Patrick – vielen Dank für eure tatkräftige Hilfe bei den Kochaktionen, ohne die meine Küche in einem heillosen Chaos untergegangen wäre.

Für das ansprechende Design und die Bildbearbeitung möchte ich mich recht herzlich bei Paul bedanken.

Danke auch an das Team von roots of compassion, insbesondere an Sonja für das kompetente Lektorat, an Alex fürs Korrekturlesen und an Marc für das Setzen des Buches.

Und zu guter Letzt an Kathrin und David, Johanna, Henriette und Evelyn: vielen Dank, dass ihr eure Erfahrungen als vegan lebende Familien mit uns geteilt habt.

Über die Autorin

Christina Kaldewey ist Dipl. Sozialpädagogin/Sozialarbeiterin und Ergotherapeutin mit umfangreicher praktischer Erfahrung im Bereich der Pädagogik mit Kindern verschiedenen Alters. Sie lebt seit über acht Jahre vegan und ihre Tochter von Anfang an.

compassion media

Jérôme Eckmeier - **Das Rock 'n' Roll Veganer-Kochbuch**

144 Seiten | Hardcover | 1. Auflage 2012
€ 18,00 | ISBN 978-3981462159

Vegane Profi-Küche meets Rock 'n' Roll! Jérôme Eckmeier, Chefkoch des Vegetarierbundes Deutschland und Rock 'n' Roll-Fan, zaubert Gerichte aus den Geburtsjahren seiner Lieblingsmusik auf eure Teller. Partybuffet-Klassiker wie Fleisch- und Eiersalate, Toast Hawaii, Marmor- und Käsekuchen und der köstliche Mett-Igel lassen sich mit diesem Kochbuch problemlos vegan in der eigenen Küche zubereiten.

Aber auch die moderne vegane Küche kommt nicht zu kurz: Mit zahlreichen Gaumenfreuden wie rohen „Spaghetti Napoli", Kürbissuppe mit karamellisiertem Ingwer, knusprigen CornDogs und Frozen Banana Ice schlägt Jérôme Eckmeier die Brücke zurück in die Gegenwart!

Marc Pierschel - **Vegan!**
Vegane Lebensweise für Alle

160 Seiten | Broschur | 4. Auflage 2011
€ 10,90 | ISBN 978-3-00-028404-5

„Was kannst du denn dann überhaupt noch essen?" ist eine der Fragen, die Veganer_innen oft zu hören bekommen. Neben Hintergrundinformationen zu Tierausbeutung findest du ethische Überlegungen und Theorien zum Mensch-Tier-Verhältnis, Tipps und Ratschläge anderer Veganer_innen sowie Antworten auf weit verbreitete Vorurteile. Abgerundet durch eine Nährstofftabelle, eine E-Nummern Liste, einen veganen Sprachführer und einfach zuzubereitende Rezepte ist *Vegan!* dein (Überlebens-) Handbuch für den veganen Alltag!

Alexander Bulk - **Schweinchen Hugo reißt aus**

72 Seiten | Hardcover | 1. Auflage 2012
€ 13,90 | ISBN 978-3-9814621-3-5

Schweinchen Hugo lebt mit anderen Tieren auf dem Bauernhof und liebt es, sich im Stroh umherzuwälzen. Doch seit einiger Zeit plagen ihn viele Fragen. Weshalb lässt der Bauer ihn nicht nach draußen in die Natur? Und wie sieht die Welt außerhalb seiner kleinen Stallbox aus? Zusammen mit seiner besten Freundin Matilda begibt er sich auf die Suche nach Antworten. Eine aufregende und gefährliche Suche...

Ein spannendes Kinderbuch über Freiheit und die Angst vor dem Ungewissen. Auf sanfte Weise entzaubert es die in vielen Kinderbüchern propagierte Idylle des Bauernhoflebens. Anstelle des moralischen Zeigefingers setzt die Geschichte auf die Empathie des Publikums mit ihren neugierigen Protagonisten.

Erhältlich in jeder Buchhandlung, im Online-Buchhandel oder direkt unter www.compassionmedia.org

LEBENSMITTEL

ÖKOFAIRE T-SHIRTS

SCHUHE **BÜCHER** **HOODIES** **TASCHEN**

roots of compassion
not-for-profit vegan activist collective

Online bestellen oder vor Ort in Münster einkaufen.   www.rootsofcompassion.org